年収350万円のサラリーマンから年収1億円になった小林さんのお金の増やし方

小林昌裕
Masahiro Kobayashi

もしも、あなたが会社の給与とは別に、
何か**収入源をストックしたい**のであれば、
それは必ず実現できます。

少しばかりの勇気と好奇心さえあれば！

仕事は増える一方だけど収入は増えない
倒産、リストラ……将来は大丈夫かな?
子どもがいるし、転勤は嫌だな
口うるさい上司がいて憂うつ……
毎朝、満員電車に乗るの、キツいなあ

現状に不安や不満があっても、
本業の収入だけに依存していたら、
その**仕事は辞めづらい**ですよね。

だったら、**本業以外の収入源**も増やしましょう！

「本業にしがみつく」以外の選択肢が増えれば、
不安も不満もだいぶ軽減されるはずです。

はじめに

この本を手に取っていただき、ありがとうございます。

おそらく、みなさんの多くは「将来のお金が不安」と考えて、本書を手に取られたのではないでしょうか。

「給料はなかなか増えないし、それどころか減ってるし……」

「今、勤めている会社や事業部がいつまであるかわからないし……」

「本業とは別に、ちょっとでも収入があったらいいなあ」

これらは、会社勤めをしている人（正規雇用にしろ非正規雇用にしろ）、自営業をしている人、フリーランスで働いている人……働く人たちの内なる声ではないでしょうか。

でも、「お金を増やしたかったら結局何をすればいいのか？」という肝心のところがブラックボックスで悩ましいわけですよね。

数年前まで、僕もそんな悩みを抱えていました。

僕は新卒で、ある建築材料メーカーに勤めていましたが、そこが「ブラック企業」で毎月の残業時間が80～100時間、立派な「社畜」状態にありました。

その社畜状態から抜け出すべく転職をし、2009年からは会社勤めをしながら自分ひとりでビジネスを始めました。2014年には転職した会社も退職して、さらに収入の柱を複線化し、今では年収1億5000万円（売上ではなく諸経費を引いた収入です）を得られるようになりました。

自分ひとりでビジネスを始めてから6年後には年収1億5000万円に到達したわけです（今でも基本はひとりでビジネスをしています）。そうと聞くと、すごいやり手で交渉能力に長けて、強い意志や明確なビジョンを持った非凡な人物を思い浮かべるかもしれません。

でも、僕はごくごく普通の人です。

僕の場合、身も蓋もない言い方をすれば、

「社員の面倒を見るのは大変だし、ひとりで気楽にやりたい」

「とくに事業のビジョンはないけど、なんとなくガンガン稼ぐことはできてしまった」

というパターンです。社員を増やして会社を拡大したいという願望も、世の中を変える事業を展開したいというビジョンも持ち合わせていません。その点でも僕は、カリスマ経営者などとは一線を画す凡人だと思っています。

でも、多くの人は、僕と同様に、

「できるだけ気楽にひとりで、でもガンガン稼ぎたい！」

という願望を持っているのではないでしょうか。

だったら、僕はそういう方のために、僕の持っている稼げるノウハウを誠心誠意こめてお伝えしていきたいと思います。僕はすでに十分な資産を築くことができたので、そのための実践方法をほかの方にもおすそ分けしたくなったのが、本書を書いた理由です。

先に、僕はひとりでビジネスをしながら、6年で1億5000万円の年収を生み出すことができるようになったとお話ししました。

僕がみなさんにお伝えしたい資産形成の実践方法には、次の3つの特徴があります。

①ひとりでできる

②定期的に課金される

③自分が働かなくてもいい

この3点を満たしたビジネスは、一般に**「ストックビジネス」**と呼ばれています。その定義はさまざまですが、僕が考えるストックビジネスは、先の3つの特徴を押さえたシンプルなものです。

簡単に言えば、ストックビジネスとは、**「一度仕組みを作ってしまえばお金が入ってくるビジネス」**です。毎月の利用料が継続的に入ってくるもので、たとえば携帯電話の利用料や賃貸の家賃収入などがそうです。

一方、フロービジネスとは、単発でその都度、利益が発生します。たとえば携帯電話の販売や不動産の販売などは、売り続けないと収益が途絶えてしまいます。

もう少し、ストックビジネスの詳細について説明していきたいところですが、厳密な定義を解説していくとなると、フロービジネスとのビジネスモデルの違いをさらに深く説明することになり、それは本書の目的とは外れます。

この本は〝実践の書〟ですので、そういった細かい定義より、実際にみなさんがそれでお金を儲けるためのノウハウにページを割きたいと思っています。

難しい用語を知らなくても、ザックリとしたイメージで十分にお金儲けはできます。

「ストック」は英語で、貯蔵（する）、蓄積（する）、在庫といった意味です。僕のイメージでは、**いくつもの「ビジネス＝収入源」を自分の手元にどんどんストックしていく**というのが、この本で紹介したい方法になります（フローは「流れる」という意味なので、都度、取り引きを構築していくイメージです）。

本書では、しがないサラリーマンだった僕が、何もわからない状態から手探りで積み上げてきたストックビジネスのノウハウを、みなさんに公開していきます。

ゴールは人それぞれあると思いますし、向き不向きや運もありますから、この本を読んだからといって誰もが年収1億円を超えられるようになるとは思いません。

ただ、終身雇用も崩れ、大企業もリストラや合併を繰り返す時代に、会社という1本の収入の柱だけに頼るのは実に危険なことだと思います。ブラックな労働環境の会社に、しがみつかなければいけない状態の人もいるでしょう。

私が取り組んでいるストックビジネスの中には、**臆病で自信のない人でもスタートできるものがたくさん**あります。また、継続的な収入やある程度の資金を手にしたあとに取り組むことをお勧めするストックビジネスやフロービジネスもあります。

会社の給料とは別に、ある程度の収入源をストックしておくことは、将来のリスク回避はもちろん、ブラックな労働環境から逃げ出す勇気も与えてくれるはずです。

先行き不透明だからこそ、いろいろなビジネスが生まれてきているこの時代。それだけで大儲けするのは難しくても、小さい儲けのストックビジネスを積み上げていくやり方が合っていると思います。

必要なのは少しばかりの勇気と、何よりも好奇心。ぜひこの素晴らしいストックビジネスの世界に足を踏み入れてみてください。

Prologue

お金を増やすには、何よりも「順番」が大事！

step 1

最初は必ず「不動産」から始めよう！

step 2 さらなる副収入は、14のビジネスから選ぼう！

step 3 ファイナルステップ、無敵のお金の増やし方

Epilogue

Set Mind

お金を増やせるかは「マインドセット」で決まる！

ちょっとだけ自己紹介

さて、本論に入る前に、ちょっとだけ自己紹介をさせてください。

僕のプロフィールを知れば、最初から資産家だったわけではなく、振り出しはごく普通のサラリーマンであったことがおわかりいただけると思います。

僕はもともと、建築材料メーカーに勤めていました。大学を出て入社したその会社が独占的なトップシェアのメーカーでしたから、「これで人生安泰なのかな」なんて思っていたものです。

しかし、僕の考えは甘かったとすぐに気づきました。営業職だったのですが、これが激務で、朝からあちこちの現場を飛び回って、会社に戻って書類仕事に追われて、その間中ずっと電話が鳴っているという状況でした。携帯電話の発着信履歴30件が午前中でいっぱいになる感じでしたが、若いからその忙しさが「オレってデキるリーマン」みたいな快感になってしまい、まさに社畜状態でした。

そんな日々が3年くらい続いたある日、僕の祖母が亡くなって、そのお葬式に出ました。

ところが、葬式中でもお構いなく、電話はひっきりなしに鳴るわけです。それで最後に親族で集合写真を撮っているときにも、僕だけ耳に携帯電話を当てて写っていました。その写真を後日見たときに、「これはヤバい」と思いました。このままでは人間としてダメになってしまう……。

そこで転職を決意して２００９年の1月、同じ営業職でももう少しゆとりを持って働けそうな会社に移りました。このとき26歳です。会社の規模は大きくなってステップアップではありましたし、実際に電話も残業も減ったのですが、今度は時間ができたのと、ガムシャラな若さがなくなった分、なんとなく「先が見えた感」と同時に、将来に対する不安を感じるようになりました。

そこの会社の平均年収は６５０万円くらい（ただし、転職当時の僕の年収は３５０万円くらいでした）。平均年齢が40歳くらいで、月々で額面40万円、手取り30万円前半です。実際に職場の課長がちょうど40歳で、収入は決して低くはないと思うのですが、奥さんやお子さんを養っていると、「こづかい3万円でどうにかやってるよ」という感じでした。

10年あまり経つと自分もこうなっているのかと、先が見えると同時に、「それって結構ヤバいんじゃないの……」という漠然とした不安がありました。２００８年のリーマンショックの尾を引いていて、会社も今は大丈夫だけれど、この先どうなるかはわからないですし、**会社に依存して給料をもらっているだけというのは、めちゃめちゃ危ない状態なんじゃないか**と思うようになったわけです。

不動産投資で収入をストックしていく

それで2009年の春に、会社勤めをする傍らで不動産投資を始めました。当時はストックビジネスなんて言葉を意識していたわけではなくて、ロバート・キヨサキさんの『金持ち父さん貧乏父さん』（筑摩書房）を読んだ影響が大きかったです。

最初は小さな区分所有のワンルームマンションを東京の下町の入谷に買って、2010年の秋に2部屋目を横浜に買って、2011年の初めに3部屋目を池袋に買ってと、徐々に増やしていきました（1章の57ページに物件一覧があります）。

不動産投資というのは、8ページで挙げた3つの条件（**①ひとりでできる ②定期的に課金される ③自分が働かなくてもいい**）をきれいに満たすもので、本業はサラリーマンをしながら副収入源をまさに「ストック」していく感覚でした。1部屋増えるごとに家賃収入も増えて、3部屋目で毎月10万円のキャッシュフローが出るようになりました。僕がストックビジネスにハマったのはここからです。

その頃ちょうど結婚して、妻も僕のビジネスに理解を示してくれましたから、妻の収入も合算して大きいローンも引けるようになって、そこからは区分ではなくて一棟ものに移るフェーズになりました。土地から探して２０１２年に新築で神奈川県横須賀市にアパートを建てて、さらに翌年から中古マンションを３棟買ってと、２０１４年の８月に会社を辞めるまでには43戸のオーナーになっていました。

ただ、**不動産投資というのは、仕組みを作ってしまえば手間がかからず副業としてストックしていくのにピッタリ**なのですが、手間がかからない分、充実感に乏しいと感じてしまったわけです。会社員の仕事をしていてもそれなりに余暇があって、何かほかにやれるお金儲けの方法はないかなと考えて、２０１２年の夏に始めたのがカメラ転売でした。

多数の収入源をストックして年収1億5000万円に

すべてのビジネスについて詳しくは後に説明しますが、このカメラ転売のようないわゆる物販というのは、本来はストックビジネスとは呼べません。定期的に課金される仕組みではないですし、実際に自分で働かないといけないからです。それでも、サラリーマンをやりながらでも月に40万円くらい利益を上げることができましたし、同時に不動産投資というういわば不労所得のありがたみを知ることもできました。

また物販を始めたことで、〝情報発信をすることで教える側に回って稼ぐ〟きっかけにもなりました。それまでブログなどもやっていましたが、メールマガジンを始めたり、YouTubeで発信したり、コンサルタントやセミナー講師といった稼ぎの道も広がりました。物販を通してビジネスの経験値が上がったことで、どんどん収入源を広げてストックしていくことができるようになりました。

たとえば、自分で物販をするのではなく、物販の得意な人に投資して売り上げの何%かを権利収入として得たり、ベンチャー起業に投資したり……人に伝えることをやっていくと、影響力が出てきて、投資案件の情報も集まってくるようになるのです。さらに太陽光発電や民泊ビジネス、教材販売やアフィリエイトなどなど……。

そういった、1つひとつは規模が小さくても、多数の収入源をストックしていくことで、今や1億5000万円の年収を達成しています。**会社組織として人を雇ってやっているのではなく、ひとりでもできるのがストックビジネスの魅力**だと思います。

ほんの少しの勇気を持って

でも、みなさんの中には「自分から情報発信するなんて無理！」と感じる人も多いでしょう。もちろん、いきなりそんなことをやる必要は一切ありません。私が伝えたいのは、不動産投資を始めた当初の**私のような臆病なサラリーマンでも、ほんの少しの勇気を持っ**

て一歩を踏み出すことで収入を得る道が広がっていくということです。そして一歩を踏み出した先には、さらに稼げてエキサイティングなビジネスや投資があります。

それをやるかやらないかは、ご自身で決めてもらえればいいのです。

本書の「お金の増やし方」ガイド

誰でも実現できて、長期的に安定収入をつくる方法をお伝えしていきます

Step1
不動産投資
P.49

Step2
14のビジネス
P.111

Step3
権利収入を増やす
P.165

登場人物の紹介

著者の小林昌裕さん
20余りのキャッシュポイント（民泊ビジネス、太陽光発電など）を持つ。年収1億5000万円。「お金を増やす」プロ。

鈴木悠子さん
派遣社員。毎月貯金できているやりくり上手。将来のお金への不安はあって、何か投資にチャレンジしたい。

田中高志さん
営業職。ノルマに追われる仕事で、つらいなあ、と感じることも。給与以外に収入の柱を増やしたい。

Prologue

お金を増やすには、何よりも「順番」が大事！

01 勇気は稼ぎながら身につけよう

世の中にはお金儲けの情報があふれているのに、実際に行動に移している人はそう多くありません。

なぜかというと、**行動するには勇気が必要**だからです。

たしかにお金は儲けたいけど、損をするのはコワい……

本業があるなら今の状態でも食べてはいけるわけで、切羽詰まっている状態でもないのにわざわざ危険を冒して副収入を得ようとしなくても……というマインドブロックが働いてしまうのです。

僕は２００９年７月、26歳のときに、初めて投資用に４５０万円のワンルームマンションを買いましたが、「失敗したらどうしよう?」と、ものすごくコワかったです。それでも一歩を踏み出せたのは、上場企業に勤めていても先行きは安泰ではないという危機感からでした。

僕の現在の年収は1億5000万円になりますが、これはあくまでさまざまなビジネスを積み重ねていった結果です。そのさまざまなビジネスの中には、最初に始めた頃だったら絶対にコワくて手出しできなかったもの、手を出したくても出せなかったもの、さらには当時思いつきもしなかったものが多く含まれています。

稼いでいきながらマインドブロックが外れていった

不思議なもので、お金を稼いでいくに従って、価値観や基準値といったマインドは変わっていきます。僕の場合も、最初のワンルームを買って家賃収入を得たことで住空間を提供するビジネスの良さに気づき、3部屋目を買って毎月のキャッシュフローが10万円を超えたあたりで、もっと大きい勝負をすることにも抵抗がなくなりました。

一棟ものを次々に増やして、収入がどんどん増えていくと、別のビジネスに100万円、200万円と投資していくことにほとんど抵抗感がなくなり、さらには「サラリーマンをやっている時間がもったいない」と思うようになり、2014年8月にはあっさりサラリーマンを卒業してしまいました。上場企業に入社して安心していた、昔の自分が嘘のようです。

やらない理由というのは１００でも２００でも見つけられるもの。動かないほうがラクですし、危険もないですから。ただし、自らが動かなければ何も得られないのも事実。僕がこの本でどんなに素晴らしいノウハウを並べても、一歩を踏み出すのはあなた自身です。

まずは、自分がどうしてお金を儲けたいのか、その理由をもう一度見つめ直してみましょう。何も難しいことではなくて、僕のように「将来が不安だから」といったことでかまいません。本気で不安がって、その将来の不安がビジネスを始める不安より大きくなれば、一歩を踏み出せるようになるはずです。

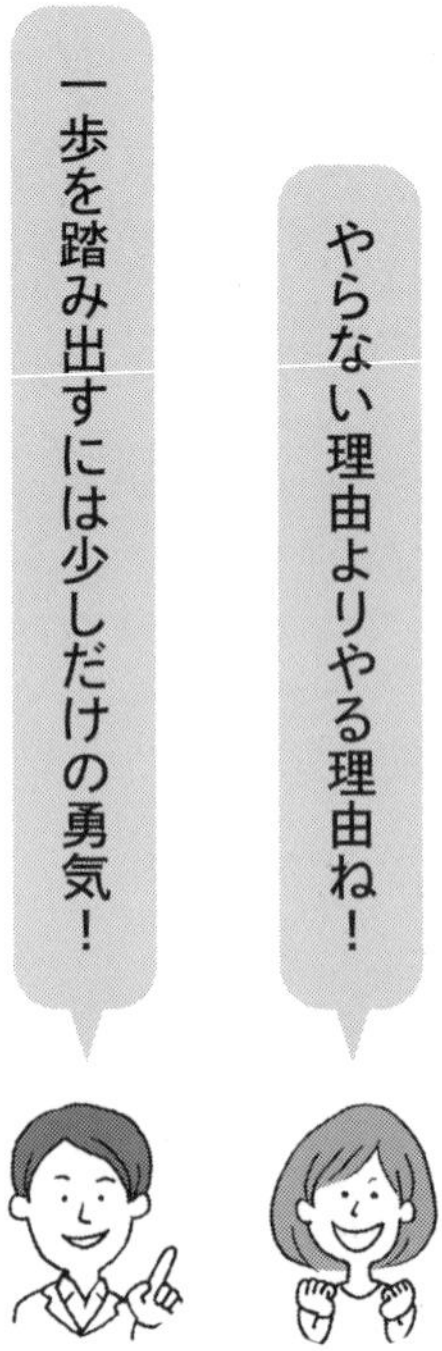
やらない理由よりやる理由ね！
一歩を踏み出すには少しだけの勇気！

02 ストックビジネスには順番がある

僕のやり方で最も大事なのは、**ビジネスに着手していく順番**です。

どんなに立派に見える建物でも基礎がしっかりしていなければ崩れてしまうように、最初の土台となる部分は堅牢さを確保しておく必要があります。

逆に、その土台さえしっかり固めておけば、少々無茶な積み上げ方をしても、失敗してすべてを失うようなことにはなりません。この本ではさまざまなビジネスを紹介していきますが、最初に手をつけるビジネスに関しては僕の教えを守ってもらうことが賢明だと思います。

では、最初に手をつけるべきビジネスとは何か？

それはズバリ、**不動産投資**です。

不動産投資とは、マンションやアパートといった不動産を買い、人に貸して、その家賃から儲けを得るビジネスです。僕も最初はここから始めました。

それは、不動産投資とはストックビジネスの3つの要件を理想的に満たしているものだからです。

なんで、不動産投資から始めるべきなの？

8ページで挙げた3つの要件を、言い換えるとこうなります

①ひとりでできる　↓　少額から始められる
②定期的に課金される　↓　安定収入
③自分が働かなくてもいい　↓　人に任せられる

まず①ですが、不動産投資の場合、金融機関からローンを引くことができます。つまり1000万円の物件を買うために、自分が現金で1000万円を用意する必要はありません。数百万円、場合によっては**自己資金を投下しなくても始められる**。これが不動産投資の最大のメリットであり、最初にお勧めする最大の理由です。最初は誰しも、お金がないわけですし、ビジネスを複線化していくなら資金ショートしないよう、なるべく手をつけないほうがいいでしょう。

次に②ですが、**入居者が決まってさえくれれば、数年から長ければ十数年は安定して毎月家賃が入ってきます。**この安定感も、ほかのビジネスと比べてかなりの優位性があり、ビジネスの「土台」としてお勧めする理由です。

最後に③ですが、不動産投資は売買を済ませて**管理会社さえ選定すれば、入居者募集や家賃管理、建物の管理などは管理会社が行ってくれます。**もちろん管理費は払いますが、それは微々たるもの（管理費の相場は家賃の3～5％）です。自分はほぼ何もしなくても、毎月毎月家賃が勝手に振り込まれてくる感覚です。ほかのビジネスのためにかける時間はいくらでも必要ですから、これも最初にお勧めする大きな理由です。

不動産投資の具体的なやり方については、Ｓｔｅｐ２で説明しますのでここでは省きますが、**ビジネスの振り出しは必ず不動産投資**を選びましょう。

03 最初にこれをやってはいけない！

では逆に、最初に手をつけるべきではないビジネスはあるのでしょうか？

みなさんはそんな疑問も抱くかもしれません。

答えはもちろん、あります。むしろ、土台としての不動産投資が優秀すぎるため、どんなビジネスも「最初にやるべきでない」に当てはまってしまうのですが、その中でも「絶対に最初にやってはいけない」ものがあります。

それらは土台として不安定などころか、下手をすると実践者の心を折り、二度と立ち上がれなくしてしまう危険性すらはらんでいます。

以下、順番に見ていきましょう。

1 株式投資

将来性の高い企業を見つけて、その企業を応援したいと思って、長く保有してじっくりと配当を見込むというのが本来の株式投資のあり方だと思います。短期でのお金儲けを目論むには相当な修練を必要とします。僕もやりましたが、全然うまくいきませんでした。

一番のデメリットは、売り買いのタイミングに自分の時間を使わなくてはいけないこと。たとえば300万円を使って株式投資をしていると、だいたい10万円、20万円は上下しますから、本業中も株価の動きが気になってずっとソワソワしてスマホを見ていたりすれば、本業に支障が出ます。

信用取引（自分の資金や株式などを担保にして、証券会社からお金を借りて投資すること）にも手を出すと、持っているお金の何倍も得ることができる反面、破綻するリスクも高まります。

そのときの社会情勢によって株価は上下するので自分でコントロールできる部分が少ないし、勉強して生半可な知識でやっても、機関投資家や大きな資金を動かせる人たちの力にはかないません。ですから、やらないほうがいい。少なくとも最初にやるべきではないというのが僕の考えです。潤沢な資金があったり、**安定したキャッシュフローがすでにあったりする人がしっかりと学んでから実践するのが理想**です。

株式投資心理的負担度▽★★★
時間の拘束度▽☆★★
参入の難易度▽☆☆★

2　ＦＸ（外国為替証拠金取引）

ＦＸとは外国通貨を売買する投資商品のことで、これも株式投資と同様です。機関投資家や資金力の大きい人たちの調整力にはかないません。ＦＸは海外のディーラーたちがその国の通貨でトレードしているので、日本の個人投資家が勝てる可能性は低いでしょう。

また、ＦＸの最大の特徴は、取引会社に預け入れた証拠金（保証金）に対し、最大25倍までの取り引きができる点です。つまり、「レバレッジ」を相当かけられるということは、勝ったときはいいものの、負けたときのリスクも相当なものです。そのヤバさは株式以上なので、絶対にお勧めできません。

株式にしてもＦＸにしても、ほかのビジネスで毎月安定したインカムが入るようになってから、余剰資金でやってみるのであればいいと思います。それでもやはり、**時間は取られますし**（とくにＦＸの為替市場は24時間の取り引きが可能）、**ほかのビジネスに支障を来たす恐れが大きい**でしょう。

僕が株式やＦＸで儲けを狙うなら、**その道のプロで使命感を持って株やＦＸの取り引きをやっている企業などに出資して配当をもらうほうがうまくいく確率が高い**というのが結論です。

ＦＸの心理的負担度▽★★★

時間の拘束度▽☆★★
参入の難易度▽☆★★

3　投資信託

これは株式やＦＸと違って、投資資金がある程度は安定しています。中には元本保証をうたうような商品もありますし、自分の時間を取られることもないですし、本業に支障を来たすようなこともないので、その点では悪くないでしょう。

ただ、**安定しているだけに、今ではよっぽどの大きなお金を扱えない限り、短期間で大きな収入を得ることは難しい**です。長期的に見て安定した投資ではありますが、最初に種銭を作るための「ビジネス」としてはまったく向いていません。

投資信託の心理的負担度▽☆☆★
時間の拘束度▽☆☆★
参入の難易度▽☆☆★

4　物販（転売）

物販（転売）は、うまくやればちゃんと稼げるビジネスです。前述した通り、僕も月間で40万円くらい稼ぎました。

ただし、オークションなどで仕入れと出品をし、さらに品出し（お客さんへの配送手続き）をするとなると、すごく時間を取られます。僕は根性でこなしていましたが、サラリーマンと両立するのはかなり大変です。

僕は、仕事が終わって帰宅してから、毎日夜中の3時くらいまで、仕入れと出品、品出しの準備をやっていました。そうして夜中の3時から3時半の間に、近所のファミリーマートに、その日売れたカメラを台車に積んでガラガラと持って行って、寝るのは4時という生活……それが毎日だったので、たぶんコンビニの深夜バイトの人たちには、「台車男」とか「カメラ男」とか変なあだ名をつけられていたのではないでしょうか（笑）。

物販（転売）はビジネスとしてはお勧めします。ただし不動産投資で稼げるようになって、会社員をリタイヤしてから始めるようにするのがベターです。あるいは、**物販に精通している企業に出資して、毎月安定した配当を得る形**にするのがお勧めです。

また、仕入れでお金が先に出ていくのも、ビジネスの最初にはお勧めできないポイントです。出物があったら素早く仕入れる必要があるので、常に手元にまとまった資金が必要で、それを回収するまで最低でも1週間くらいかかります。不動産投資である程度キャッシュフローに余裕ができてからやるのであればいいでしょう。仕入れにしても売るにしても、ガッツいているとうまくいきません。

物販の心理的負担度▽☆☆★
時間の拘束度▽★★★
参入の難易度▽☆☆★

5 アフィリエイト

ブログやメールマガジンなどを書いてそこに広告を貼り付け、それにより商品が売れると、販売者から売り上げの一部を報酬としてもらえます。読者が広告をクリックして商品を購入するなどの成果に応じて、紹介報酬が得られるという仕組みです。

ブログを書くだけだからラクそうに見えますが、これも最初に手掛けることとしてはあまりお勧めできません。なぜなら、物販と同様にかなりの時間を取られるからです。**物販よりもまず結果が出るのが遅くて、成功確率も低い**ですし、挫折してしまう人も多いです。稼げるようになるにはかなりの根気がいりますし、やっぱり不動産投資で家賃収入を作ってから、気楽にやっている人のほうがうまくいくでしょう。

アフィリエイトの心理的負担度▽☆☆★
時間の拘束度▽★★★

6 YouTuber

参入の難易度▽☆★★

動画投稿サイト「ＹｏｕＴｕｂｅ」に動画をアップし、再生回数に応じて広告収入を得るビジネスです。有名ＹｏｕＴｕｂｅｒになると、その年収は５０００万、６０００万円を超えると言われます。

これも、ただ単に遊んでいる動画を投稿してラクそうというか、遊んでいるだけで儲かってうらやましいように見えますが、まず撮影機材や照明機材をそろえたり、あるいは紹介するアイテムを購入したり、見栄えの良い背景や部屋の防音など撮影環境を作ったりするため、**それなりに先行投資が必要**になります。**撮影知識や動画編集の技術も必要で、それを身につけるのにも時間やお金が必要**でしょう。最近ではｉＰｈｏｎｅなどで撮影してそれをアップロードするだけというケースもありますが、人を引き寄せる演出をするにはそれなりの経験が必要です。

広告収入は1回の再生につき0・1円と言われており、１つの動画が数万回再生されてようやく数千円の収入。有名になってある程度稼げるようになるには、月に２００本の動画をアップロードし続けて半年かかると言われる世界です。撮影と編集にも時間がかかるし、会社勤めをしながらでは、その時間の余裕は持てないでしょう。それも、みんなに見てもらえるようなおもしろい動画を作れることが前提です。

ただし、**典型的な蓄積型ビジネスで、「ストックビジネス」としては良い儲け口**ですし、YouTubeの説明欄にURLを付記して外部サイトに誘導し、メールマガジンへの登録を募るなど、**自己ブランディングとして動画を活用するのは有効な手段**でしょう。ただし、これもやはり不動産投資が成功して、家賃収入で食べていけるようになってからやるべきだと思います。また、センスに自信のない人は、労多くして実入りが見込めないので、やめておいたほうが無難でしょう。

YouTuberの心理的負担度▽☆☆★
時間の拘束度▽☆★★
参入の難易度▽☆☆★

04

勇気を鍛え、稼ぎを実現する3ステップ戦略

ストックビジネスで成功するには、段階を踏んで勇気を身につけ、事業を拡大していくことが大事です。

僕が提唱するのは「**3ステップ戦略**」です。

最初のステップは〝自動課金系〟。代表的なものが不動産投資で、自分は何もしなくても毎月お金が入ってくるタイプのビジネスです。まずはこれによって安定収入と時間の自由を得ます。できればこの最初のステップだけで、食べるには困らないレベルまでいきたいところです。

そして、もう会社を辞められるレベルになったら、**次のステップは〝実働系〟**です。株式投資やFXも、このステップで取り組むのであれば資金的にも精神的にもストレス耐性がついているので、有効な稼ぎの手段になるでしょう。

ここでは、その代表的なビジネスとして物販（転売）を取り挙げます。これは職場に通勤しなくても、また9時から5時まで働かなくてもいい自由はあるものの、それなりに労

働時間が必要なビジネスです。

ストックビジネスの要件からは外れるのですが、僕がなぜこれを勧めるかというと、人間はやはり額に汗して働くという感覚があったほうが、精神的に安定するからです。

不動産投資は、当初の面倒な仕事（リフォーム、管理会社決め、入居者の斡旋《あっせん》を依頼する）を乗り越えれば、あとは管理会社にお任せできるので、働いている感覚が全然ないのです。

もちろんそれが魅力でもあるのですが……。

でも物販をやると、探して仕入れて、入金して、出品して、注文を受けて発送して、クレーム対応をして……すごく働いている実感が得られます。実際に、僕の知っている不動産投資で成功して独立した方の中でも、そういう充実感を求めてわざわざカメラ転売とか古書転売を始めている人は多いです。また、お客さんを相手にする商売なので、人とのやり取りや、感謝されたりする喜びもあります。

一方、大家業は基本的に孤独です。経営がうまくいっていればいるほど、管理会社からも何の連絡も来ません（笑）。

3ステップは理に適ったステップ

ただ、繰り返しお伝えするように、ビジネスを始める順番はとても大事で、副業で物販をやっている人が、次に不動産投資を始めたというケースは非常に少ないでしょう。やはり本業と合わせて労働に追われて、「権利収入」を作るような発想になるまで、なかなか頭が回らないのだと思います。

そういうわけで、まずは不動産投資から始めて、家賃収入を精神的・実務的な支えにしながら、余剰のキャッシュフローを仕入れ資金にして、物販や株式投資、FXなど労働系ビジネスを始めるというのは、理に適ったステップです。

そして**最後が〝情報発信系〟**。このステップまで来れば、ほとんど〝上がり〟と言ってもいいでしょう。これはメールマガジンやセミナー講師など、今まで稼いできたノウハウを人に教えることでお金をいただくビジネスです。

みなさんがこの本を手に取って読んでくださっているように、お金儲けの方法を知りたいという需要はあります。不動産投資や物販、株式投資やFXで毎月何百万円ものキャッシュフローを得ている人が「そのノウハウを教えてあげるよ」と言うなら、お金を出してでも聞きたい層は多いわけです（今は「発信側に回るなんて……」と思っていても、経験を積ん

僕が提唱する「3ステップ戦略」

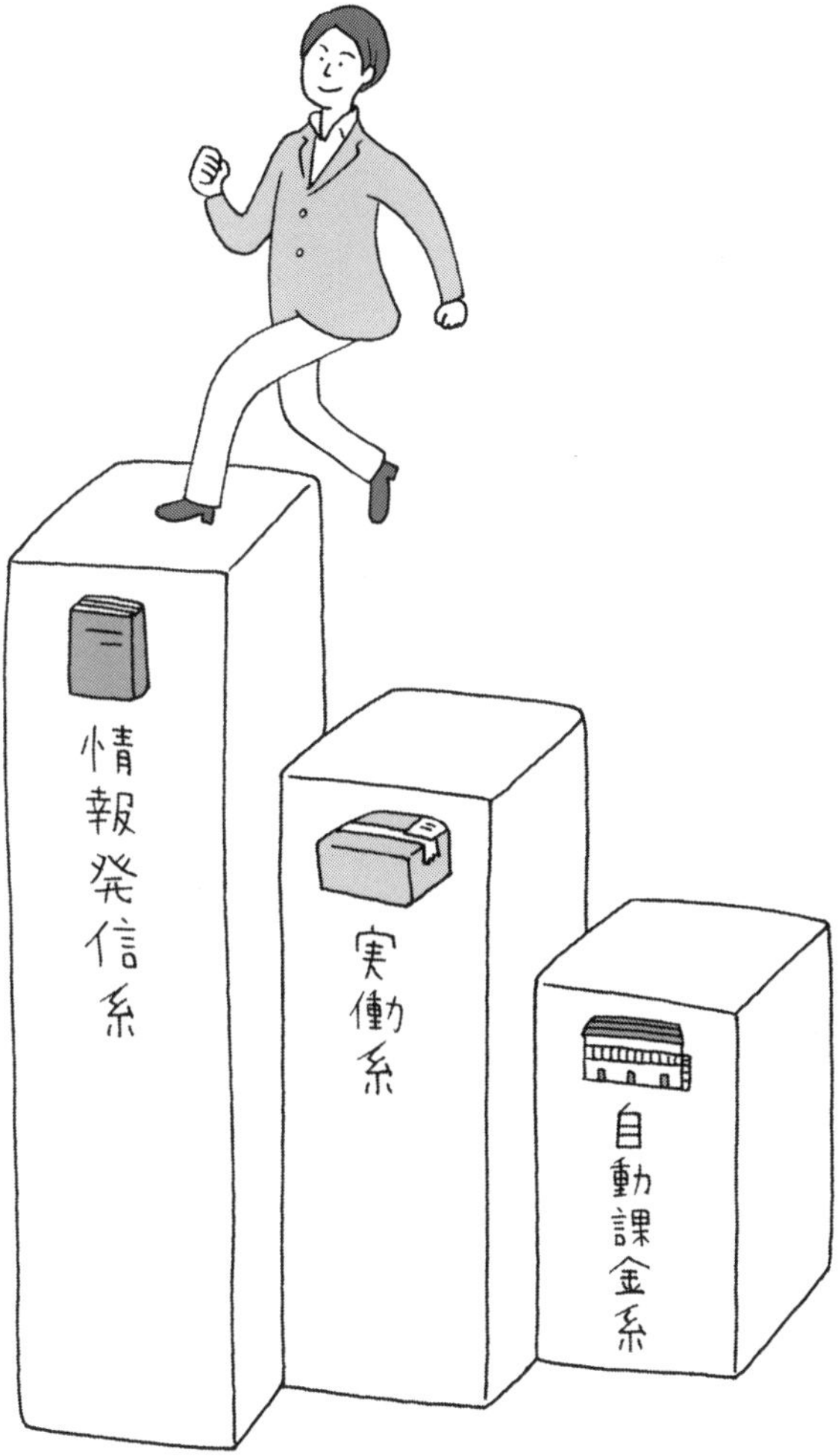

で徐々にマインドブロックが外れていくうちに意識が変わっていくはずです）。

これはもう、元手はほとんどいらなくて、時間もそんなにはかからず（遠くからの講演依頼だと移動時間はかかりますが）、人とやり取りして感謝もされるという、ビジネスとして実に素晴らしいものです。僕の場合、今は自分では物販をやっておらず、労働の充実感はこの情報発信系ビジネスで満たされている状態です。ここまで来ると、勇気も相当に鍛えられていますから、知らない人たちの前でも自信たっぷりに話すことができるはずです。

僕も、マインドブロックが外れて勇気が鍛えられました

05 ゴールは人それぞれ、ワクワク感を忘れずに！

前項の最後に書いたように、僕は今、自分自身では物販をやっていません。それは、人を相手にする情報発信系ビジネスや、その他新しいビジネスの仕組みを作ることに充実感やワクワク感を見出しているからです。

ただ、物販をまるでやっていないのではなくて、あくまで〝自分自身が働く形ではやっていない〟だけで、人に物販をやってもらって権利収入を得るビジネスはやっています。

少し詳しく説明すると、物販だけをやっている人たちの中には、資金繰りにそれほど余裕がないため、仕入れにあまりかけられず、ノウハウと販売力はあるのに、大きく商売できなかったりするケースがあります。そういう人にお金を出資してあげると、たとえば彼らは出資金に対して毎月20％くらいの利益を出します。そこから毎月3％をいただくと、月利3％の投資の仕組みになります。つまり年利36％という、不動産ではなかなか出ない利回りが出たりするわけです。

そういった権利収入ビジネスを、短期のものから長期のものまで、今は次々に手掛けている状態です（僕は自分でモノを売るよりも、そういう仕組みを作るほうが好きで、向いているみたいです）。

やはり人それぞれ向き不向きはありますし、**自分が動かなくても課金されるビジネスを増やしていきながら、自分がワクワクする労働で収入を得ていくのはいいこと**だと思います。ストック型のビジネスがベースになれば、そのワクワクするビジネスも安心してできます。

やりがいがあれば会社を辞める必要はない

ですから、サラリーマンの仕事がすごくおもしろくてやりがいがあるのであれば、会社を辞める必要はないですし、**不動産投資や自動課金系のビジネスで収入を作りながら、本業で好きなだけ労働意欲を満たせばいい**のです。

マスコミやクリエイティブ系の人には、自分の仕事が好きという人が多いです。僕から見ると、仕事が生きがいになるんだろうなと、うらやましかったりもします。あと、技術職や研究職の人も、ものづくりが好きだったり、その研究対象が大好きだったりするわけで、本業を辞める理由なんかありません。

そういう人たちは、会社に能力を買われ、その会社にしがみついているわけではなく、選んで所属している状態です。それはもうかっこいい状態で憧れではありますが、ただし、その会社が倒産したり、所属する事業部がなくなったり、自分と方針が合わなくなったりするということはあるので、そういう**不測の事態に備え、本業以外に収入があれば安心して次の所属先を探すことができる**ようになるでしょう。

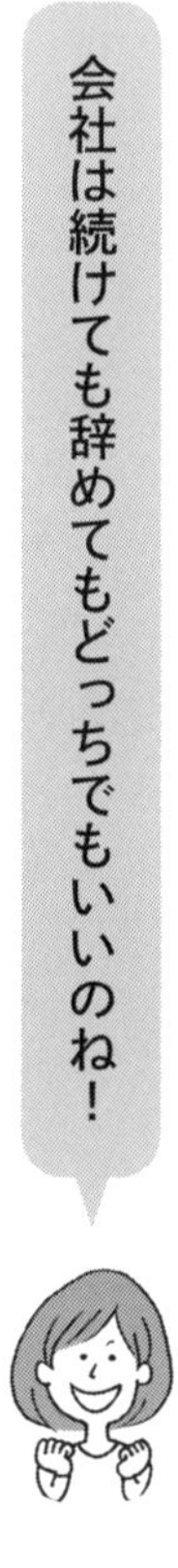
会社は続けても辞めてもどっちでもいいのね！

僕の知るケースでは、総合商社勤務でまさに世界を股にかけている人、勤務医で自分の仕事に誇りを持っている人でも、投資用不動産を買っていることはあります。属性が良くて銀行から融資を受けやすいから、高額で資産価値の高い物件を買っているのです。

そう、人間は生きがいややりがい、ワクワクするもの、それとお金の両方を求める生き物なのです。

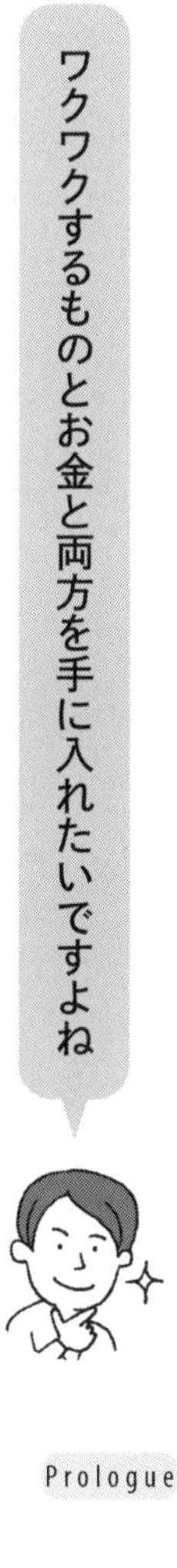
ワクワクするものとお金と両方を手に入れたいですよね

そして、やりがいとお金とはまた別の価値観なので、不動産で月200万円くらい

キャッシュフローを得ている人が、いきなりブックオフに通って転売目的で古書を買い始めたり、1冊100円や200円の利益を抜く商売を始めたりします。僕が「なぜそんなことを?」と当の本人に聞いたら、「いやー、自分で労働するのがなんか楽しくて」と答えていました（笑）。

また、私の友人で株式投資のスペシャリストがいるのですが、彼は毎年300～400%（つまり元手が3～4倍になる!）で株を運用できるので、お金には一生困らない億万長者です。ところが、そんな彼でも中華料理屋でランチタイムだけアルバイトをしていたりします。「人と触れ合うのが楽しい!」と言っていました（笑）。

そういう**楽しいことをして生きていくためにも、ストックビジネスで確実な収入を作っておきましょう**というのが、僕の一番言いたいことです。そのためには不動産でベースを作って、そこから複線化していくことが、一番成功確率が高い方法なのです。

step 1

最初は必ず「不動産」から始めよう！

06 「家賃」を手に入れるというカルチャーショック

さあ、ここからはいよいよ具体的にビジネスのノウハウを紹介していきます。

この章では、**最も大事なベース作りとなる「不動産投資」**に絞って取り挙げます。まずは、僕がどのようにして43室、月１００万円のキャッシュフローを得るに至ったかを説明していきますので、そこから、不動産投資の要点をつかんでもらえれば幸いです。

なお、本章では「掘り出し物件の探し方」や「空室リスクを下げる作戦」など不動産投資についてより掘り下げたディープな内容が出てきます。現時点で、不動産投資について興味のある人には本章をまるごと読んでほしいところです。

しかし、「お金の増やし方」を模索している初心者には、以降のページは読み飛ばしてもらってもかまいません。

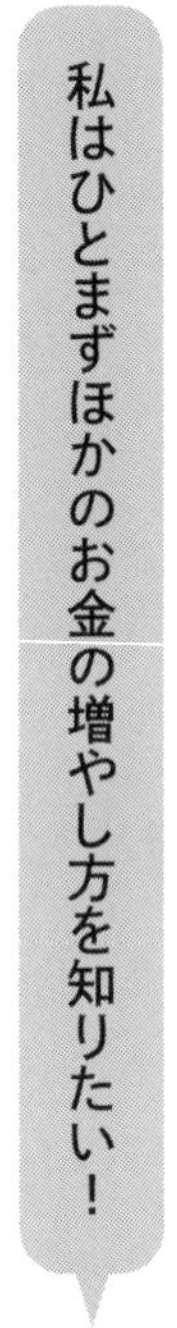
私はひとまずほかのお金の増やし方を知りたい！

その場合には18（106ページ）から読んでね！

僕が最初の物件を購入したのは２００９年の春で、都心に近いといってもあまり華やかなところではなくて、上野からほど近い、入谷のワンルームマンションでした。

バブル期に建てられた物件で、リーマンショックの翌年ということもあり、４５０万円と比較的に安いタイミングで買えました。

自己資金なしでも区分マンション投資を始める方法はあるので、今なら絶対にやらないのですが、僕はこれ、現金で買っています。というのも、その年の1月に転職したばかりで、**勤続期間が少ないためにローンが引けなかった**のです。勤めていたのはたまたま上場企業でしたし、融資には勤務先も含めた属性が評価されるものの、一方で、金融機関というのは勤続年数をすごく気にします。勤めて1年くらい経過していればローンを受けられる可能性も高まりましたが転職したばかりの私には厳しかったわけです。それでも、当時はもう**サラリーマンを続けていくことにすごく危機感を抱いていて、とにかく不動産投資を始めてみたい一心**でしたから、貯金をはたいて買ってしまいました。

幸いなことに、それまで激務の職場で3年半以上働いて、毎月80～100時間の残業代がもらえていました。それに実家から通っていて、忙しくて遊ぶ暇もなかったので、貯金が600万円くらいあったのです。なので、現金で買ってしまっても150万円は残るからなんとか大丈夫かな、くらいの気持ちでした。

僕が購入した物件の家賃は約6万5000円。管理費や修繕積立金を払っても月に5万円は残るので、諸経費を引いた年間収入は60万円、利回り13%以上は出ました。立地がよくて、ずっと入居者が見つかり、今でも不動産業者から「売ってくれ」とたびたび電話がかかってくるような物件です。

毎月5万円の家賃収入に大きな衝撃を受ける

住空間を提供して家賃を得るというビジネスを「ワンルーム」という最小規模ながらも始めたことで、僕の中でマインドが変わりました。それまでは本業にしても、学生時代のバイトにしても、1日中働いた労働の対価として給料を得ていたわけで、**何もしなくても毎月5万円が口座に振り込まれてくるという経験は、実際**

キャッシュフローとは？

キャッシュフロー

＝ 毎月の家賃収入 － 銀行返済 － 固定資産税&都市計画税 － 諸経費

に体験してみないとわからない感動と大きな衝撃がありました（まったく異なる文化に触れたようなカルチャーショックと言っても過言ではありません）。

家賃収入ってそんなに衝撃的なの？

よく言われることかもしれませんが、「1」と「2」の間にはそれほど大きな違いはないのに、「0」と「1」となると、これはもう大きく違います。どんなに本を読んだり、セミナーに出たり、勉強したりしても、**実際に始めない限りはゼロ**なわけです。現金買いというのは今考えれば悪手だったかもしれませんが、ともかく一歩を踏み出したことで、僕の価値観は確実に変わり、それが今につながっています。

さて、とはいえ手持ち資金の大半を吐き出してしまったので、次を買うには多少の時間が必要にはなりました。横浜市に2部屋目を買ったのが２０１０年の秋ですから、1年半以上かかったことになります。そのときにはもう勤続1年以上経っていましたし、しっかりローンを組んで買って、さらにその半年後、２０１１年の春に池袋に3部屋目を、これもローンで買いました。上場企業に勤めている属性と、1部屋目からきちんと家賃収入の実績が出ていたこともあって、ローンが組みやすかったのは間違いないです。

ただし、都心部のワンルームなので利回りはそれほど出なくて、ローンや固定資産税、都市計画税を払ったあとのキャッシュフローは、その時点で3部屋合わせて月に10万円といったところでした。とはいえ、月に10万円というのは、僕にとっては1つの区切りとなりました。それを超えたことで、僕の中で再び**マインドセット……価値観や投資基準の変化**が起こりました。

働いているところ以外で収入が発生している

この不動産投資、すなわち住空間提供ビジネスの有効性が確信に変わって、もっと拡大していきたいと思うようになったのです。それまでは「社畜」と言ってもいいようなサラリーマンだったのが、「もっとこのビジネスを大きくしていけば、会社に依存しなくても済むのかな」という気持ちに変化していきました。

また、こういうことは人生のタイミングというのもあるようです。当時つき合っていた彼女と入籍したのが2部屋目を買った直後で、翌年に3部屋目を買ったところで、カミングアウトしたのです。「実は僕、副業でこんなビジネスをやってるんだ」と。

もし不動産投資を結婚してから始めていたら、きっと彼女からは反対されていたでしょう。でも、もう3部屋を持っていて、毎月10万円のキャッシュフローが出ている事実を、銀行通帳ごと見せることができました。僕の奥さんは学校の先生をしていて、働いてお金を得ることの大変さをわかっている人でしたから、「すごいね。あなたと私が働いているところ以外で、収入が発生しているのね」と感激してくれました。結果、「不動産投資、住空間提供ビジネスっておもしろいね」と、奥さんも理解を示してくれ、それどころかとても協力的になって、そこから夫婦で収入を合算してローンを組むというフェーズが訪れました。

僕、奥さん、不動産の〝3馬力〟の稼ぎです

僕ひとりだけだと難しい大きなローンでも、公務員の奥さんの属性も合わせれば組めるようになったのです。僕のマインドが変わって、もっと大きな物件を手掛けたいという気持ちになっていたこともあって、それで次はもう一棟もの、それも新築でアパートを建てることに挑戦しました。

2011年の当時はまだ僕の中で「地方の一棟ものは空室リスクがコワいな」という気持ちがあって、1都3県（東京・神奈川・千葉・埼玉）の、ちょっと利回りが低くても長期的に入居者が見つかりやすくて、修繕する必要がない新築をやりたいと思ったのです。

２０１１年に土地から探し始めて、神奈川県横須賀市に土地を見つけました。翌年の引っ越し時期に合わせて2月竣工で進めていたものの、工期に遅れが出て4月竣工になってしまいましたが、それでも何とかゴールデンウィークまでには満室にできました。

地方の中古物件に挑戦

そうして一棟もので手ごたえを得たことで、収入が増えるとともに、僕のマインドもより大胆になりました。ワンルームや新築アパートもしっかり稼働していましたし、**「何かあっても大丈夫かな」と冒険できる余裕**が生まれたのです。そこで、それまでコワいなと思っていた地方の中古物件にも挑戦するようになり、２０１３年に埼玉県内に中古アパートを2棟一括で買って、さらに群馬に中古の一棟マンションを買いました。

地方の中古一棟ものは、空室リスクはもちろんありますが、利回りの面では都心の物件よりもかなり見込めます。合算すると計43室で、家賃収入でのキャッシュフローがついに１００万円を超えました。ここでまた、**キャッシュフローが10万円を超えたときのように、マインドセットが起こりました。**

そう、ついに、「サラリーマンを辞めよう」と決心したのです。

ちょうど２０１２年の夏から物販を始めたり、不動産投資のコンサルティングを始めた

小林さんが所有する不動産物件

初めて購入した東京の入谷にある区分マンション

4件目に購入した横須賀市に建てた新築の一棟アパート

5件目の埼玉県熊谷市にある2棟の中古アパート

6件目の群馬県太田市にある中古の一棟アパート

所有する不動産物件一覧

購入年月	所在地	種別・戸数
2009年7月	東京23区	中古の区分マンション（1室目）
2009年11月	東京23区	中古の区分マンション（2室目）
2011年3月	神奈川県横浜市	中古の区分マンション（3室目）
2012年3月	神奈川県横須賀市	新築の一棟アパート（6戸）建築
2013年4月	埼玉県熊谷市	中古の軽量鉄骨2棟（10戸）購入
2013年7月	群馬県太田市	中古の鉄骨造1棟（24戸）購入

りで、そこからも収入が上がっていて、忙しくなっていた頃でもありました。サラリーを時給に換算するとすごくパフォーマンスが悪いことに気づき、その時間がいよいよもったいないというか、やりたいことが増えて時間が足りなくなってきたわけです。

毎月100万円を超える収入を副業で得て、経済的な成長があった分、視点が高くなって見える景色が変わった部分もあります。そうして2014年の8月にサラリーマンを卒業しました。

07 現金があってもローンで買うべし

さて、僕の不動産投資の履歴を振り返って、**唯一後悔しているのは、最初のワンルームを現金で買ってしまったこと**です。

貯金が600万円ほどあったとはいえ、それがあっと言う間に150万円に減ってしまったわけですから。手持ち資金というのはビジネスを拡大していく上ですごく大事なものです。ローンを組むときの頭金になるのはもちろん、口座にそれだけの貯金を持っているというだけで信用となり、ローン自体を組みやすくなります。

実際、以後の物件を買うときや、ほかのビジネスを手掛けるときにも、「あそこで現金で買わなきゃもっと手元にお金があったのに」と思うことは度々ありました。

ただ、あのタイミングで、それも現金で買ったことの良さというのもありました。リーマンショックの直後で、不動産価格が底を打っていたので、都心の区分マンションでありながら利回りは13%以上出ました。今ではそこまで利回りの見込める物件はほとんどないでしょう。

また、現金で買ったことで、キャッシュフローが毎月5万円あまり入ってきました。最初にドカンと出て行った450万円を少しずつ取り返しているわけですが、それでも毎月5万円の不労所得が入ってくるというインパクトは大きかったです。

また、60万円の家賃年収をプラスして確定申告できるので総収入を高く見せられるし、小ぶりではあるものの無借金の無担保の物件があれば、金融機関に担保を出すこともできます。そして何より「ゼロから1」にできたことが、僕にとって本当に大きかったと思います。**ほんの小さな勇気を持って行動することで恐怖や不安を乗り越えて、自分のステージを上げる経験ができたのです。**

ですので、現金買いは最悪の手段でもなくて、あのときの僕にはそれで良かったとも思えるのですが、**ローンを組んで始められることが不動産投資の最大のメリット**です。後々ビジネスを拡大していくことを最初から意識するなら、たとえ現金で買える状態でもローンを積極的に活用しましょう。今なら金利も安いですから。

08

まずは都市部の区分マンションから始めよう

投資用の不動産物件といっても、1000万円以下で買えるワンルームマンションから、数千万円の一棟アパート、億を超える一棟マンションまでさまざまあります。

普通のサラリーマンがこれから始めるなら、都市部の区分マンションか、1都3県の新築アパート、地方の一棟アパートのいずれかになると思いますが、僕は**最初の一歩としては、都市部の区分マンションから始めることをお勧め**します。

不動産投資に関する本の中には、「事業として大きくしていくことを考えるなら、最初から一棟ものを買いましょう」というスタンスのものも多いです。確かに、物件の情報を集め、現地調査して、売買交渉、ローンを組んで決済手続きを行うなど、購入にかかる手間は同じですから、1部屋なんてまどろっこしいことはせずに、最初から一棟ものというのはわかりますし、否定する気はまったくありません。

ただ、**いきなり一棟ものから始められる人というのは、そう多くない**でしょう。初めての投資で、数千万円の借金を背負うことの怖さは計り知れません。**ゼロから1へ――その**

一歩を踏み出すのが一番大変なときです。最初のハードルを高く設定してしまうと、思い切って踏み出せない人のほうが多いでしょう。

ですからまずは、都市部に1000万円しないような区分マンションを買って、少額でも毎月家賃収入を得るという体験をしてみたらいいと思います。僕がそうだったように、きっとマインドが変わります。投資に対するマインドブロックが外れ、投資家として自信を得られるはずです。区分マンションを1部屋か2部屋買って、しっかり運営して、それから一棟ものにチャレンジしていくのでも、それほど遠回りではありません。

借金を背負って区分マンションを買ってしまうと一棟ものの融資が引きにくくなる……。そんな心配をされる方もいますが、一棟ものまで見据えた投資マインドを持っている人であれば、いきなり一棟から購入するのもいいでしょう（ただ、区分マンションを買ったあとでも一棟ものを何棟も購入している方はたくさんいますので、そう気にしすぎなくてもいいでしょう）。

また投資というのは、家族の理解を得ないと、規模を拡大していくのは難しいものです。家族のマインドブロックを外すためにも、小さく始めて実績を作るという作戦は賢明です。僕がコンサルタントをやっていても、いきなり一棟ものを買おうとして、奥さんの猛反対にあって頓挫するケースはよくあります。

だんなさんが奥さんに「何千万円で不動産を買って投資を……」なんて話をしても、「何言ってんの！　まだ家も買ってないのに」という話になることが多いようです（笑）。ローンが組みにくくなるから、家は買わないほうがいいのですが、女性はマイホームを買うほうが安心だと思う傾向があるので、これはもう仕方がありません。でも1000万円以下の区分マンションであれば、まだ理解も示してもらいやすいのではないでしょうか。

家族の理解が得られやすいのも、区分マンションの魅力ね！

実はファミリー物件も狙い目

ただし都市部で1000万円以下のワンルームの場合、駅から遠かったり、ものすごく築古だったり、安いだけの理由があります。ですので、僕は、同じ都市部でも2000万～3000万円のファミリー物件も選択肢に入れることをお勧めすることが多いです。

実際に借金をする以上、1000万円でも3000万円でも、どの道、返すお金であることには変わりはありません。確かに、3000万円のほうが返済金額は大きくなりますが、その分、同じ利回りであれば、ファミリー物件のほうがもらう家賃も多くなります。

キャッシュフローもワンルームよりは多く出るし、売買にかかる手間も同じですから、どうせやるならファミリー物件で始めたほうが投資効率はいいのです。

もう1つ、**都市部の区分ファミリー物件のメリットとしては、対象となる入居者層が広がる**ことが挙げられます。ワンルームには単身者しか住みませんが、ファミリー物件はファミリーだけでなく単身者やカップルまでが対象となります。またワンルームの場合は、売ろうと思っても買い手はほとんど投資家に限られますが、**ファミリー物件の場合は居住目的で買う層も多いですから、場所などが気に入られれば比較的高く売れやすい。**最終的に自分が住んでもいいですし、そうした出口の広さも魅力です。

そうした点に注目してか、オリックス銀行では40㎡以上の区分ファミリー物件を対象とした投資用ローンも用意しています。金利は約2%で、僕のところに相談に来られる方で使う方は多いし、やり方によってはもっと低い金利のローンを組む方法もあります。

空室リスクを回避する

さて、投資物件としての**都市部の区分マンションのメリットは、立地が良いので入居者がつきやすい**ことです。大家が頭を悩ませる最大の問題は空室リスクですから、その心配が少ないことは初心者にとって安心でしょう。入居者がいる状態で売られている物件を買えば、すぐに家賃を受け取ることができます。

また、資産価値が大きくは下がらないことも魅力です。築浅であろうが築古であろうが、常に買いたい人や借りたい人がいる、需要の高い**都市部の区分マンションは、場所が良ければ価値がそれほど落ちず、文字通り資産になります。**無借金になって、売ってもそれなりの値段になりますから、持っていて安心感があります。

ただし、デメリットとしては利回りが低いこと。僕は幸いにして安いタイミングで買えましたが、今は不動産価格が上がっていて、都市部の区分マンションだと利回りはよくて8%、標準的には5~6%くらいでしょう。

ですからコツとしては、まずは少しでも安く買って利回りを上げることです。本当に都心だとなかなか出てきませんが、大きなターミナル駅から2~3駅くらいのところであれば大丈夫です。

また、これはあとの章で詳しく説明しますが、都心であれば立地のよさを生かして**民泊に転用するという裏技**も使えます。利回

都市部の区分マンションのメリットとデメリット

メリット	少額から始められる。空室リスクが低い。価値が落ちない。
デメリット	利回りが低い。規模が小さいのでキャッシュフローが出ない。

り6％で買った物件でも、民泊にすれば15％くらいの利回りが出てくるので、そうすればキャッシュフロー的にも十分取れて、次の展開もラクになっていきます。

いずれにしても、とにかく始めてみないことには、永遠にゼロのままですから、躊躇しているよりもまずは買いやすい物件から始めてみましょう。

小さな勇気を持って小さく1部屋から始めてみよう！

09

地方の一棟アパートはブースター

都市部の区分マンションで**実績と自信を得たら、地方の一棟ものに手を広げていきましょう。**

地方の一棟もののメリットは、利回りの高さと規模が大きくなる分、**キャッシュフローが出やすい**ことです。利回りは標準で10%程度、良ければ12~13%は十分に狙えます。3000万円とか4000万円の物件であれば、満室想定で計算すると、その一棟だけで毎月10万~15万円くらいのキャッシュフローが出てきますから、実際、いきなりここから始められる投資マインドがあって、賃貸経営をしっかり勉強していて、家族の理解も得られるなら、地方の一棟ものから始めるのも僕はアリだと思っています。

ただし、デメリットも当然あります。

なんといっても都市部よりも人口が少ないエリアなわけですから、**空室リスクが高い**のがデメリットです。空室になるとキャッシュフローがそれだけ下がりますから、満室状態を維持するために大家としての手腕が問われます。さらに中古の木造アパートとなると、いろいろと**修繕の必要**が出てきて、それもキャッシュフローを下げます。
以上のメリットとデメリットを踏まえて、僕は、**地方の一棟ものは「ブースター」として利用すべき**だと考えます（「速度を増すための装置」という意味があります）。キャッシュフローは比較的多く出ますので、後々ビジネスを拡大していく土台をスピード構築するわけです。高利回りを生かして、10年、15年の短期・中期決戦でキャッシュフローを出しつつ、ローンも返済し、まだ需要のあるうちに売り抜けて都心の物件に組み替えるのが賢いやり方です。

ローンを引くならここ！

なお、地方で中古の一棟ものを狙うなら、都市部の区分マンションとは違って、ローンを引ける銀行も限られてきます。
有名なのは**スルガ銀行**で、属性（年収、勤続年数、勤務先など）が条件をクリアしている人であれば、地方で築古とか普通は融資の付きにくい物件でも融資してくれて、不動産投資家の間では

地方の一棟アパートのメリットとデメリット

メリット	キャッシュフローが大きい。土地の価値が残る。
デメリット	空室リスク、修繕リスクが高い。

「最後の砦」という位置付けです。イケイケでどんどん、法定耐用年数以上に貸してくれるので、「かえって危ない」と否定的な人もいますが、僕はキャッシュフローをしっかり取れればスルガ銀行を活用するのもアリだと思っています（ただ、金利は高めなので、そのリスクも理解しているのであればという条件付きですが）。

またローンというのは、金利下げ交渉や借り換えも可能です。実際に僕も、スルガ銀行から借りて、途中でほかの金利の低い銀行に借り換えたことはあります。

ほかには**SBJ銀行**と**静岡銀行**も、中古の一棟ものをかなり得意にしています。また、政府系の**日本政策金融公庫**は、一般の銀行が融資しづらい案件にも融資するセーフティネットとして位置付けられた金融機関ですから、**属性が悪い人でも使いやすい**でしょう。

さらに**ノンバンク系**も、金利は高くなりますが、キャッシュフローがしっかり出る物件なら、いざというときには頼りにしてもいいでしょう。

属性の点から見れば、**年収が500万円以上あれば金融機関の選択肢がある程度は出てきます。**これが700万〜800万円を超えてくると地方銀行や信用金庫なども可能性が出てきます。年収1000万円以上の方であれば、メガバンクから好条件で融資してもらえる可能性も十分にあります。

また、個人属性がいい人であれば、新設の法人（資産管理法人）に融資してもらうスキームも組み立てが可能です。**千葉銀行やオリックス銀行、日本政策金融公庫などは新設の資産管理法人にも融資してくれるケース**があり、法人で不動産を所有して賃貸経営を始めることが可能です。法人は個人と比較して税率が低く、経費計上できる幅も大きいので節税がしやすいというメリットがあります。

さらに、**法人の決算が3期ほど黒字になれば、賃貸経営の実績が評価されて地方銀行や信用金庫から新たに融資を引くことが可能になる**場合もあります。ですので、将来的に不動産投資の規模を拡大

年収別お勧めの不動産投資法

年収	区分マンション（中古）		一棟物件	
500万円未満	○	条件次第で使えるローンはある。現金買いができるなら将来的に選択肢が増える。ただし自己資金が枯渇してしまわないように注意が必要。	△	自宅を担保に入れてノンバンク（住信トラスト L&F など）から融資を引くか、日本政策金融公庫を活用する方法がある。自己資金・収入を上げる努力は継続！
500万円以上(世帯合算含む)	◎	融資の壁はクリアできる可能性が高い。将来的に一棟ものにチャレンジする計画の場合はローンを組んで買う区分マンションは2、3戸に留めたい。	○	上記に加えて SBJ 銀行も可能が出てくる。属性や自己資金次第ではそれ以外の手法も可能性あり。
700万円以上(世帯合算含む)	◎	買える可能性大。区分から始めるか最初から一棟ものにチャレンジするか、目指す目標によって判断する。	◎	自己資金にもよるが買える可能性大。自身の投資方針を固めたら GO ！

※上記表は参考としてお使いください。

していくことを希望する方は、遅かれ早かれ資産管理法人を設立することをお勧めします。

それから、これは応用技ですが、**個人で購入した不動産から得る家賃収入を法人で受け取り、法人の売上と利益を創出するスキームも**あります。法人と個人の間でサブリース契約を締結し、法人がサブリース料として10～15%を天引きして家賃の85～90%を個人へ送

融資で問い合わせする金融機関の順番リスト

順番	金融機関	範囲
先	都市銀行	全国
↓	地方銀行（スルガ以外）	エリア限定
↓	オリックス銀行	比較的広範囲
↓	信金・信組	エリア限定
↓	政府系金融機関	比較的広範囲
↓	スルガ銀行	広範囲
後	ノンバンク	比較的広範囲

※上記は、問い合わせしたほうがいい順番の傾向を示したものです。
人によっては、この限りではありません。

金するようにします。そうすることで法人に売上と利益が残り、金融機関に評価してもらえる法人を作っていけるというテクニックです。

ここまでをまとめると、都市部の区分マンションと地方の一棟ものでは、投資物件としての性格がまったく違います。それぞれのメリットとデメリットをしっかり把握して、自分のやりたい投資や許容できるリスク、年収や自己資金の額によってどちらを選んでもいいですし、両方やっていく人もいますし、うまく使い分けていけばいいのです。

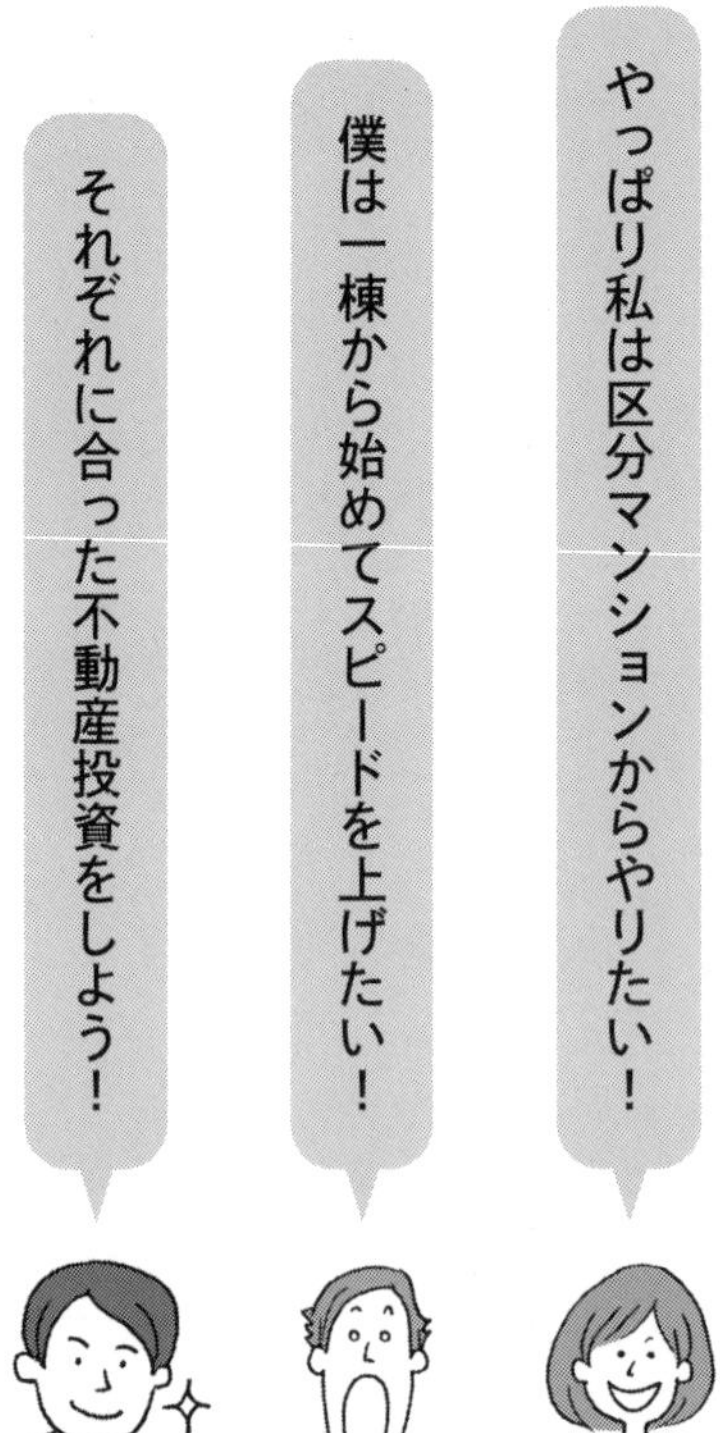
やっぱり私は区分マンションからやりたい！
僕は一棟から始めてスピードを上げたい！
それぞれに合った不動産投資をしよう！

10 掘り出し物件の探し方

物件を選んで、買付申し込みをするまでの流れは、次のようになっています。

①取得方針の策定　予算・場所・建物の構造などの大まかなターゲットを決める
②物件の検索　インターネットを中心に情報を集める
③資料請求　不動産会社に問い合わせをして販売資料をメールなどでもらう
④現地調査　集めた情報の中から「これは！」と思う物件を現地に行って確認する
⑤投資計画の作成　投資にふさわしい物件かをシミュレーション（試算）する
⑥買付申し込み　不動産会社に買付申込書を提出する（③のあとすぐの場合も）

物件選びを始める前に、みなさんに覚えておいてほしいのは、「小さな失敗は気にしない！」ということです。「でも、大きな買い物だし、小さな失敗が命取りになるんじゃ……」と思われるかもしれません。僕が言いたい「小さな失敗」とは、インターネットの情報で見ていいと思った物件を実際に見に行ったらひどい状態であきらめたとか、業者さんに質問しすぎて嫌がられたとか、その程度のことです。小さな失敗は忘れてけっこうです。逆を言えば、当然ながら「大きな失敗は許されない！」ということです。

大きな失敗を避けるための策としては、とにかく数多くの物件を見ること、見る目を養うことです。インターネット上でも、実店舗や人の紹介などでも、情報を集めることがとても重要で、ある意味、根気勝負になります。おそらく物件を探し始めて、**最初の頃はなかなか「これだ！」という物件には巡り合わない**でしょう。しかし、そこでやめてはいけません。粘り強く継続していくことで、「これはいい！」という物件がいずれ、必ず目の前に出現します。

僕自身も、たくさん物件を見て探す中でなかなか見つからなかったり、「これだ！」という物件に巡り合ったと思って買い付けを入れたら、先約がいて頓挫した……という経験を何度もしてきました。それでも行動し続けたことで、物件との運命的な出合いを果たしてきました。

不動産は「仕入れが命」です。**購入するまでの事前準備にいかに時間と手間をかけられたかで、買ったあとにどれだけラクすることができるか**が決まっていると言っても過言ではありません。

物件のターゲットを決めよう

インターネットなどに出回っている物件情報は数多く、構造（木造、鉄骨など）も価格もタイプ（区分所有か、一棟ものか）もさまざまです。そこで物件情報を検索する前に、「取得方針の策定」を行います。

●利回りは何％以上欲しいか？
●地域はどのあたりにするか？
●物件の構造は？
●築年数はどれくらいまでが欲しいか？
●予算はいくらまで？
●空室か？　オーナーチェンジか？
●駅から徒歩何分以内か？
●駐車場は戸数分あるか？

物件販売資料や投資情報サイトでは、たいてい想定利回りが表示されていて、利回りを基準に物件の選別を行うことができます。利回りは高ければ高いほどいいと誰もが思いますが、**利回りが高いということは、裏を返せば、それだけリスクが高い**ということです。

都心部の好立地よりも、地方都市のはずれにある物件のほうが利回りは高いですし、空室リスク、賃料の下落リスクが利回りに反映されています。

そこで初心者であれば、リスクを低くしたいため、利回りに関しては、希望よりも少し低めに見積もっておいたほうがいいでしょう。たとえば、地方の一棟アパートで、利回り15％以上を探していた場合に12％以上に下げたり、都市部のマンションであれば0・5～1％下げ、地方の一棟ものであれば1～2％下げたりするといった具合です。

なお、投資情報サイトだけではなく、住宅情報サイトや新聞の折り込みチラシも、貴重な情報源です。投資用不動産だけではなく、所有者本人が住むことを想定している実需用不動産の情報にも目を通すことで、少しでもライバルの投資家との競争を避けることができます。

立地はもちろん駅に近いほどいいのですが（車社会である地方や郊外の場合はあまり関係あ

りませんが）、駅近であるほど当然、価格も競争率も高くなります。徒歩20分くらいのところにも投資に合った物件が出ることもありますので、駅からの距離については少し条件をゆるく設定しましょう。

また、どの土地を選ぶかについては、土地勘のある街や路線から選択するのか、利回りやキャッシュフローに焦点を当てたエリア選択をするのか……？　土地勘のないエリアで検討する場合には、地場の不動産業者に電話したり訪問したりして、家賃が適正か相場より安く買えそうかなどを検討するのも有効です。

なお、検索してもまったく希望条件に合った物件が出てこないときには、どこかで妥協しなければなりません。あらゆる面で好条件の物件というのは、投資家同士で取り合いになるか、マーケットに出る前にプロが買ってしまいます。私たち一般の不動産投資家はその隙間を縫いつつ、どこで妥協し、どこでカバーするのか、バランスを探りながら投資手法を確立させていくことが肝心なのです。

たとえば、立地にこだわるなら利回りは少し低くても仕方がないとか、安く買えるから築年は妥協して古くても良しとする……といった具合です。

情報収集の基本はインターネット

情報収集の主力はインターネットです。物件を何件も買って不動産会社のなじみ客になれば、未公開のお得な情報を教えてもらえることもありますが、取引経験もない初心者相手に、そんな物件情報が回ってくるはずもありません。

まずは、インターネットでコツコツと探していきます。気になった物件を取り扱っている不動産業者にコンタクトを取り、関係を深めて物件情報を紹介してもらうというのが、一番まっとうなやり方です。

不動産の検索サイトの例

サイト名	URL
不動産投資用情報サイト	
健美家	http://www.kenbiya.com/
不動産投資連合隊	http://www.rals.co.jp/invest/
HOME'S 不動産投資	http://toushi.homes.co.jp/
楽待	http://www.rakumachi.jp/
大手不動産会社のサイト	
東急リバブル	http://www.livable.co.jp/
住友不動産販売	http://www.stepon.co.jp/
ノムコムプロ	http://www.nomu.com/
一般向け不動産情報サイト	
Yahoo! 不動産	http://realestate.yahoo.co.jp/
不動産ジャパン	http://www.fudousan.or.jp/

気になる物件は資料請求する

検索しながら、希望条件に近い物件があったら、販売資料（マイソク＝募集図面）を請求します。物件情報のページ内には問い合わせフォームがありますが、確実に資料をもらうには、必ず電話で問い合わせをして資料をメールしてもらいましょう。

不動産会社に電話をかける際、最初は資料を請求するだけでも構いませんが、慣れてきたら少し質問をして、追加の情報を聞き出してみましょう。

①御社は、元付けか、客付けか？
②売主の売却理由は？
③いつ頃から売り出されているか？
④反響はあったか？
⑤いつまでに売りたいという希望はあるか？
⑥価格交渉はどれくらいまでいけそうか？

①の**「元付け」「客付け」**から説明しましょう。売主から直接、売却を依頼された不動産会社が「元付け」で、元付けから情報を紹介された不動産会社が「客付け」です。元付

け業者のほうが、売主を直接知っている分、より情報に精通しているわけです。

②の「売却理由」は値引きの材料になるため、必ず聞いておきましょう。相続税対策であったり、売主がほかの場所に引っ越ししたりというケースでは、急いで処分したいので、値引き交渉がかなう場合があります。こういう物件に出合えたら、全力で交渉しましょう。

逆に、数ヵ月前に買ったばかりなのに、もう売りに出されている物件の場合には、業者の転売目的であるケースが多く、値引き交渉に応じてもらえない可能性が高いです。**③の「いつ頃から売り出されているか？」**は、売れ残っている期間を聞いているわけです。長期間残っていれば売主は焦っているので、この場合も値引きの可能性は高まります。

④の「反響」や**⑤の「いつまでに」**を聞くことでも、売主の焦り度合いを推測できるでしょう。

もしも、相続税対策で早く売りたいのに、なかなか反響がない……という実情がわかったら、**⑥価格交渉の可能性**をたずねるといいでしょう。

11 都市部近郊の新築アパート、賃貸併用住宅もお勧め

ここまで、中古物件の探し方について説明してきました。

僕自身は都市部にある中古の区分マンションを3部屋買いました。その後、奥さんとの収入を合算して大きなローンを組んで勝負しようと思ったときに、新築で1都3県のエリアにアパートを建てました。

そのときはまだ、「地方は空室リスクがコワいな」という気持ちがあったのです。1都3県であれば多少利回りは低くても、まだ人口は増えているエリアだし、新築・築浅で建物のスペックもいいので、**客付けも比較的ラク**です。新築ですから長く保有していられますし、**10年くらいは修繕がない点も魅力**です。投資の安全性をある程度は担保しつつ、運営のラクさとある程度の利回りを狙いたい。つまり、**都心の区分マンションと、地方の一棟ものの中間くらいのイメージ**です。

例外はありますが、年収700万円くらいあって、さらに資金に数百万円の余力がある人なら始めやすいと思います。たとえば8部屋のアパートを建てたら、最初は入居者がぜ

ロなのに返済だけが始まってしまうからです。中古一棟ものの場合なら、買ったときに部屋が埋まっている分は家賃が入ってくるので、そこは安心なのですが、新築アパートは手元資金に余裕がないと、精神的にキツいでしょう。その辺りの条件をクリアする人で、地方の一棟ものが不安な人は選択肢に入れてもいいでしょう。

この場合、融資を受けるなら**オリックス銀行**や**千葉銀行、りそな銀行**などを使って建築するケースが多いです。

不動産投資ローンの銀行の評価というのは、だいたい**「積算評価」**を見ます。この積算評価というのは、路線価（国税局が毎年発表する土地の評価額）と建物の評価額（残存法定耐用年数から算出）を足したもので、どの銀行も同じような評価になります。そこから各銀行が、「積算評価×何割まで出します」といった具合に融資額が決まってくるのです。

新築アパートの場合、積算評価で考えると、融資可能額が購入価格よりも下回ってしまうことが多いのです。なぜなら、新

都市部近郊の新築アパートのメリット、デメリット

メリット	空室リスクが少ない。区分マンションよりキャッシュフローが出る。長く持っておける。修繕リスクが低い。
デメリット	属性が良くないと難しい（年収700万円以上、ある程度の自己資金が必要）。

築アパートは建築業者さんの建築費や事業利益が含まれてしまうので、積算評価で計算した担保価値よりも、だいぶ上回ってしまうのです。

しかし、先に挙げた3行は、積算評価ではなく**「収益還元評価」**を重視しているのが特徴です。収益還元評価とは、対象不動産が将来生み出すと予測される純収益から、その不動産の試算価格（収益価格）を求めるやり方です。

たとえば、「千葉の市川市にこの条件でアパートが建てば利回り8・8％だね」と銀行がある程度算段をして、利回りや家賃収入から「では、何千万円貸しますよ」と逆算してくれます。特に千葉銀行とオリックス銀行は、そういう収益性を評価して融資を行ってくれる傾向が強いです。

賃貸併用住宅のメリット

そしてもう1つ、一棟ものでお勧めしたいのが、都市部近郊に賃貸併用住宅を建てる方法です。

賃貸併用住宅のメリット、デメリット

メリット	空室リスクが少ない。キャッシュフローが出る。家賃がいらない。住宅ローンを使える。長く持っておける。修繕リスクが低い。売却利益が狙いやすい。
デメリット	属性がそこそこ良くないと難しい（年収500万円以上、ある程度の自己資金が必要）。個人でないと融資が付かない。

これは新築で、ある程度大きな建物を建てて、たとえば1階部分に自分が住んで、2階部分はいくつかのワンルームに分けて人に貸して、その家賃収入でローンを払ってしまうというやり方です。自宅として自分が住むので、家賃に消えていたお金がセーブできて、キャッシュフローが貯まりやすいのもメリットです。また**空室リスクの少ない1都3県でやれば、都市部近郊の新築アパートと、地方の中古一棟の「いいとこ取り」**にもなります。

この方法の最大のメリットは、新築アパートよりも融資のハードルが低いことです。年収500万円くらいから可能だし、何より自宅を兼ねて建てるので、比較的金利の安い住宅ローンが組めるのがうれしいところです。

このローンを利用するには、**ゆうちょ銀行**が一番お勧めです。ゆうちょ銀行は今、賃貸併用住宅に積極的です（これが継続的なものなのかはわかりませんが）。しかもメガバンクなどを利用した場合、賃貸用住宅は住居部分が2分の1以上ないと、住宅ローンとして扱ってもらえずに普通のアパートローンになってしまいますが、ゆうちょ銀行の場合は3分の1以上あればOKです（僕の知るところでは、属性によるのか物件の収益性を評価するのか、住居部分が6分の1でも融資が受けられたという話も聞きました）。

たとえ2分の1であっても、住宅ローンの金利は安いので、もう半分を人に貸せればキャッシュフローの面では収入とローン返済でトントンか、あるいは少しローン返済が上回るくらいで済む上に、住宅ローンの負担が少なくなるので一定の人気があります。これが3分の2や6分の5を貸せるとなると、自宅でありながらキャッシュフローも見込めます。

賃貸併用住宅は売りやすい

さらにいいのが、**売却しやすい**ところ。なぜかというと、**賃貸併用住宅を買う人は投資家目線でなくて「自分が住みたい」という人もお客さんの対象に**なります。そうすると、家として気に入れば、自分がその物件に住みたければ、利回り4%くらいの高値でも買ってくれます。たとえ利回り4%で買っても、住宅ローンを組んだら家賃収入でトントンになります。

つまり投資感覚の自覚がない人が利回り4%や5%で買ってくれるので、利回り8%や9%で建てると、建築してすぐ1・5倍や2倍の値段で売れます。1億円で建てた物件が1億5000万円、場合によっては2億円で売れれば、キャピタルゲインが5000万円や1億円出るということになります。

さらにこの場合、収益物件ではなく住宅扱いなので、5年以内に売った利益にかかる短期譲渡税が3000万円控除されるというのもまた良いところ。普通の収益物件だとキャピタルゲインに短期譲渡税がかかって39％を税金として納めることになります。5000万円の利益が出れば、約2000万円を税金で持っていかれるイメージです。でも賃貸併用住宅の場合は居住スペース分（3分の1から6分の1）が控除されるので、少なくとも数百万円は収める税金が少なくなります。

これを利用して、**賃貸併用住宅を建てて、竣工したら即行で売る人も**います。それで一気に数千万円のお金を作って、次の一棟ものにスタートを切ったり、ほかの権利収入関係にお金を入れたりするわけです（ただし、最初から転売目的で住宅ローンを利用するのは、モラルに反するため、投資家それぞれの判断になります）。

貸しても良し、売っても良しなのが賃貸併用住宅なんです！

12 都市部で高利回りを狙うならシェアハウス

さらに上級編になりますが、都市部でも中心から少し外れたところの住宅地エリアに築古の戸建てを買い、**リノベーションしてシェアハウスとして貸し出す**方法もあります。

これは都市部に土地という資産を持つことができ（建物は元が木造の築古なので価値はほとんどありません）、なおかつうまくやれば15～20％という、地方の一棟ものでもなかなか実現できない**高利回りで稼ぐ**ことができます。

たとえば５ＬＤＫの中古戸建てを買って、広めのリビングと、狭めの個室を５、６部屋にリノベーションします。それで1部屋を3万～4万円で貸せば、月額20万円前後の家賃収入が見込めます。リノベーションにかける費用を数百万円に抑えることができれば、かなり割のいい投資になります。

シェアハウスは２０１０年頃から流行り始めたスタイルです。一時は新しい住居スタイルとして若者を中心に流行し、現在ではブームは落ち着いたとはいえ、まだまだ一定数の需要はあります。

シェアハウスを専門で得意としている人に話を聞くと、余裕で運営しているので、物件選びや運営の仕方を間違えなければ、まだまだ有効なやり方だということです。

シェアハウスのデメリットと武器

デメリットとしては、築古の戸建てを買うことになるので融資が付きづらい点と、まさに1つ屋根の下で他人を共同生活させるわけですから、管理が難しいことです。一般的に不動産物件の管理は、家賃収入の3～5％で不動産屋が請け負いますが、入居付けや運営のノウハウが特殊で、かつ手間もかかるので、15～25％という高額なフィーを払って専門の管理会社に依頼するのが一般的です。そこで少しキャッシュフローは下がってしまいますが、それでも悪くない投資です。

また、シェアハウスで気をつけなければいけないのは、入居者の属性が限られてくる点です。独身で若くて、収入もそんなになくて、「共同生活って楽しそう」などと憧れる感じの人ですから、普通の賃貸物件に比べると特殊なところを狙うことになるのです。

そこに気をつけた上で立地を選ばないといけないので、たとえば東京でも下北沢とか吉祥寺といった若者に人気の街や、ターミナル駅から電車で10分圏内といったエリアだと、シェアハウスに強いです。ほかにも美術大学が近くにある（美大生には創作活動ができるア

物件別お勧め不動産投資法

種別	新築／中古	特徴	お勧め度
一棟マンション	新築	コストが高い。実践している投資家はごく少数。	△
	中古	地方のRC（鉄筋コンクリート）は大人気。属性が高い人は狙える。キャッシュフローも出やすいが、税金は高い。	◎
一棟アパート	新築	最近人気が高まっている。利回りは低めだが、修繕リスクも低く長期保有するにはいい。	○
	中古	築古高利回りが大人気。土地値近くで買えればリスクも低くなる。	◎
区分マンション	新築	節税や年金対策、保険として検討するならアリだが、キャッシュフローを作る投資にしたい場合はやらないほうがいい。	△
	中古	初心者が始めやすい。好立地に買えて自己資金も抑えられる。民泊ビジネスや将来的な売却利益を狙う手法もある。	◎
戸建て	新築	自宅用で買うとしても新築は避けたい。割安な中古を購入しておけば担保に入れて融資も引けて、賃貸に出してもキャッシュフローが得られる。	△
	中古	一棟もので拡大してから中古戸建てをキャッシュで買うパターンが増えている。安く買って高利回りのシェアハウス化を狙う手法もある。	○

トリエがあると人気）といった街と需要の調査はしっかりやっておいたほうがいいでしょう。

また最近、地価の安さに注目して（たとえば、東京でいうと江東区辺りに）、新築のシェアハウスを建てるというトレンドがありましたが、物件の立地が微妙であること、新築なので家賃設定が少し高いこと、高利回り狙いで建物の質がよろしくないといった理由により、空室率が50％という話を聞いたことがあります。

一方で、**入居者の属性が限られることを逆手に取って、シングルマザー限定、ペットがいる入居者限定など、ニッチな需要を掘り起こして人気**というシェアハウスもあったりしますから、そこはアイデア次第です。

不動産投資の経験のない人がいきなり手掛けるにはハードルが高いですが、ある程度経験を積んで、安くて腕のいいリノベーション業者を知っていたり、管理会社と交渉するスキルのある人が、高利回りを狙ってやる分にはいいと思います。

シェアハウスのメリット、デメリット

メリット	比較的好立地な場所で高利回りが狙えてキャッシュフローが出せる。
デメリット	築古の戸建てを買うので融資が付きづらい。入居者の属性が限られる。専門の管理会社への管理手数料が家賃の15～25％と高額である。

13

空室リスクを下げる作戦①
内装の工夫

不動産投資で**一番コワいのが空室リスク**です。ただし、この点について僕は、大家がある程度の労働力を投入することで下げられるリスクだと考えています。大前提として、都心の区分マンションは賃借需要が高く、管理会社の空室保証プランなどもあるので、比較的リスクが低いです。ここで紹介するノウハウは、地方の中古一棟物件の投資をする際に有効な手段として参考にしてみてください。

空室リスクを下げるには、大きく分けて3つの方法があります。

まず1つは、内装の工夫。設備も含めて内装を工夫して、入居者に好印象を与えて、選ばれる部屋にするということです。

具体的には、今では珍しくなくなってきているものの、壁の一面だけダークグレーにしたり、トイレの突き当たりの壁だけちょっとダーク系にしたりする**「アクセントクロス」**を取り入れるのは変わらず有効な方法です。最近ではエンボス加工のある凸凹のあるクロスなど選択肢もさらに増えていますから、インパクトを重視して印象的に使っていきたいものです。

でもアクセントクロスは高くないの？

壁紙は退去時の原状回復で貼り替えるタイミングならば手間もかかりませんし、そこだけちょっと高いクロスにしたところで追加費用はたかが知れています。大事なのは、少ない費用で効果的なポイントを知っていることです。

ほかにも、普通のプラスチック製の**便座のフタを木製に**替えたり、トイレットペーパーホルダーをプラスチック製の黄ばんだものから**シルバー色の金ものに**替えたりするだけで、トイレの印象がガラリと変わります。便座のフタは1万円から、トイレットペーパーホルダーは１０００円からありますし、それくらいならば自分で交換も可能です。中古の物件だと、風呂の**シャワーヘッドもプラスチックですから、それも高級感のあるシルバー色のシャワーヘッドに**替えると見栄えがだいぶ違ってきます。

畳の部屋でも、何もフローリングに張り替えなくても、**クッションフロアなどの床材を敷いて、襖もクロスを貼れば、お手軽に洋風の雰囲気に**変えることができます。

そういう内装の工夫を勉強して、自分の物件で採用するのです。地方の一棟ものでは、家賃の割にすごくいい内装に見せるテコ入れをすることが重要になります。空室リスクを下げるには、それくらいの努力は大家として必要です。

その**当然の努力を本気でしっかりやっている大家さんは、意外に少ない**ものです。何だかんだ言って、当たり前のことでも頑張れない人がほとんどですから、それをちゃんとやることで周囲の物件と差がついていきます。

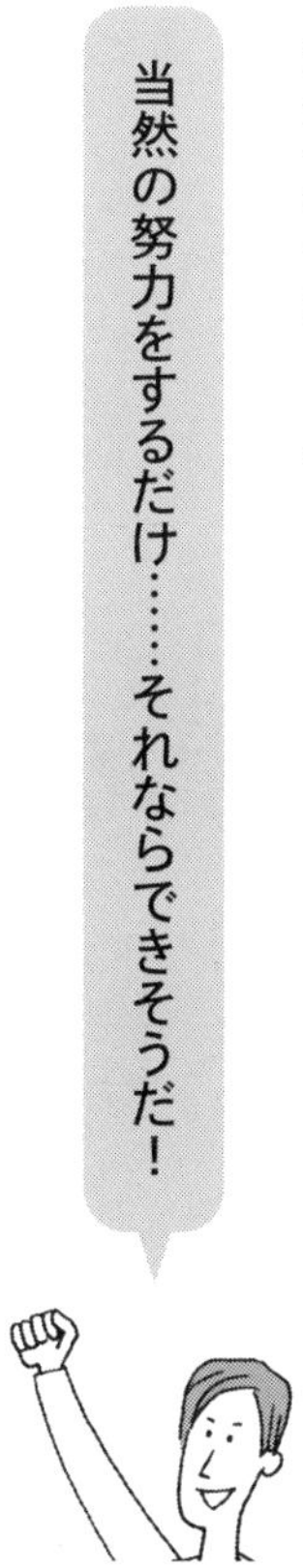

空室リスクを下げる作戦②
募集条件の緩和

14

内装を工夫しても今ひとつ入居につながらないときは、思い切って募集条件を緩和するという手があります。

一口に募集条件の緩和と言っても、次の3つの方法があります

①家賃を下げる
②初期費用を下げる
③成約特典を付ける

まず家賃を下げることはありきたりな方法ですが、やはり効果は大きいです。相場家賃よりも少し下げるくらいで、1000円、2000円安くするだけでも入居決定率は大きく違います。キャッシュフローを取れるように安く買えているのであれば、それくらいは

スタートから下げてもいいと思います。

次に初期費用ですが、今時はもう、地方ではもちろん都市部でもよほどの人気エリアでもない限りは敷金ゼロ礼金ゼロの物件も増えてきています。残る手としては、フリーレントを付けるというのも、入居者にとっては引っ越し時に家賃1ヵ月分の負担が浮きますから訴求力があります。

フリーレントまで含めて僕は、「初期費用ワンコインキャンペーン」というのをやったことがあります。本当は500円すらいらないのですが、響きがキャッチーなことと目立つかなと思いまして（笑）。**鍵交換費用、火災保険、仲介手数料なども込みで「入居者が払うのは500円だけで、あとは全部オーナーが負担します」**というもので、これはなかなか好評でした。そういう施策を随時、管理会社と相談して打っていくといいでしょう。

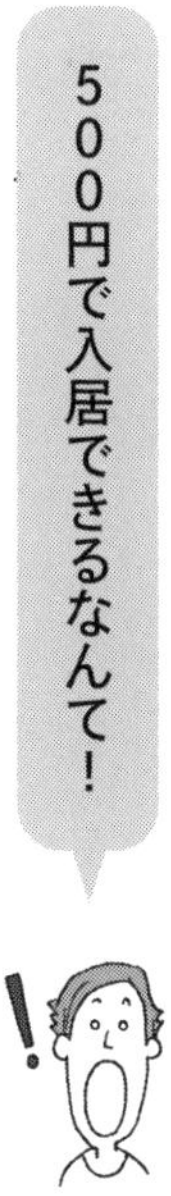

そして最後に、**成約特典としてプレゼントキャンペーン**を打つ手もあります。冷蔵庫と洗濯機と、もう1つは炊飯器でも電子レンジでもいいですが、「白物家電3点セットプレゼントキャンペーン」とか、「自転車プレゼントキャンペーン」とか、過去にやったこと

がありますが、そういうのも入居者から結構喜ばれます。

自分の手金から多少、数万円から10万円くらい持ち出すことになってしまいますが、**そのくらいのサービスで空室がすぐに埋まるのなら、かえって安い**と思います。地方だと、何もしないと半年や1年近く空室が続いたりしますが、埋まってしまえば数ヵ月で回収できますから。ありがたいなと思ってもらって、気に入って長く住んでもらえるかもしれませんし、惜しまずサービスしてあげてもいいでしょう。

15

空室リスクを下げる作戦③ 仲介業者へのテコ入れ

前の2つは入居者に対するアプローチでしたが、これはその方向を変えて、不動産業者に対してのアプローチです。

なんで不動産業者にアプローチするの？

自分が住む部屋を決めるのは入居者ですが、その候補をいろいろと紹介するのは物件を担当する管理会社だったり賃貸仲介業者だったりします。彼らに頑張ってもらって、内見の数を増やして成約率を高めようというわけです。

中でも、大家自らが仲介業者に営業に行くという手段は、地味ですがかなり有効な方法です。**担当の管理会社以外に、その物件を紹介してくれそうな仲介業者をローラー訪問して、マイソク（募集図面）と菓子折りを持って「よろしくお願いします」とひと通り回ります。**

こう書くと簡単なようですが、**意外と大家さんは仲介業者を一件一件、訪問したりしないものです。**ですから実際にやれば、それだけ効果があります。空室がちょっと出たときはもちろん、特に物件を購入した当初やたまたま空室がいっぱい出たタイミングなどには、**自ら出向いて「家賃交渉があったら言ってください」「付けたほうがいい設備があれば教えてください」など、融通の利く大家である感じ**を出せば、入居者を紹介してもらいやすくなります。

また、やり手そうな営業マンと会話できたら、**個人的なインセンティブ（報奨金）を約束する**というのも極めて有効です。

「決めてくれたら◯万円、個人的にボーナスを出します」「現金より商品券のほうが良ければそれでご用意します」など、「アンダー・ザ・テーブル」を提案します。それで優先的に自分の物件を、〝決め物件〟にしてもらうのです。

彼ら営業マンはお客さんを案内するとき、物件をそれぞれ〝当て物件〟〝中物件〟〝決め物件〟という位置付けをしています。〝当て物件〟は、最初に見せる残念な物件。〝中物件〟は、当て物件よりはマシだけれどイマイチな物件。その2つを見せたあとに〝決め物件〟を見せれば、そこで成約の可能性は高まります。

確かに、最後に見る物件が一番良かったな

当て物件と中物件に回されると決まりにくいので、決め物件に回してもらうための営業です。泥臭いやり方ですが、特に地方の一棟ものの場合は、絶対にやったほうがいいでしょう。

担当者が、同条件のほかの物件とどちらを紹介しようか迷ったりしたときに、あなたの物件を〝決め物件〟に押してくれる可能性が格段に高まります。

16

成約率を高める作戦 内見客の件数チェック

ここまでお話ししてきたように、空室リスクを下げるには、「内装の工夫」と「募集条件の緩和」と「現場の仲介業者さんへのテコ入れ」があります。これらをやった上で、さらに僕は管理会社に毎週、**内見が何件入ったかを報告してもらう**ように依頼しています。内見がある程度あれば、入居の契約は決まっていきます。1部屋につき3件の内見、あるいは多めに見て5件も内見があれば、成約に至ります。ですから週に1件でもコンスタントに内見があれば、1ヵ月くらいで決まるということです。**内見の数自体が少ないのであれば、内装や募集条件を見直したり、仲介業者さんへのインセンティブを増額したりする**ことを検討したほうがいいでしょう。

内装や募集条件、仲介業者へのインセンティブ、内見客の件数チェックなど、これらのことを半年や1年継続できる大家さんであれば、まず満室ないしは9割以上の稼働率が見込めます。ただし、たいていの大家さんはそこまで継続してできないものです。

一時期だけ努力することはできても、半年でも継続してやるとなるとしんどいですし、地味な作業なので、なかなか長くは続きません。大家さんが本来やるべき作業なのに3ヵ月も続かずに、結果、管理会社に任せっきりにしてしまい、管理会社がたくさん抱える物件の中に埋もれていってしまいます。

逆に言えば、こういう**地味でしんどい作業を続けることができる大家さんになれば、周囲のライバル物件に打ち勝つ**ことができるでしょう。

余談ですが、トヨタなどが出資する不動産調査会社「タス」の調査発表によると、2016年の首都圏の賃貸アパートの空室率は30%を超えたそうです。首都圏でこの数字なら、地方ではもっと深刻です。ただし、これは数字のマジックでもあって、首都圏のどの賃貸アパートも平均して3割強が空室というわけではなくて、一部の満室経営ができている建物と、数多くの空室を抱える物件とに、二極化していると考えられます。

ですから、「絶対に不動産投資で収入のベースを作るぞ！　そのためには勉強もするし努力もいとわない」というマインドがあり、それを実行に移せる人であれば、どこでどんな物件を手掛けても、きっと勝ち残っていくことができるはずだと僕は信じています。

17

修繕費を下げるには？しっかり保険に入ること

新築物件ならば当初10年くらいは修繕の心配はいりませんが、中古物件を買うとなかなか悩ましい問題が、突発的に発生する修繕費です。

雨漏りが発生したり、床が抜けそうになったりでコワいとクレームが来たり、給排水設備から水漏れしたり、築古になればなるほどそういった問題が発生して、修繕費用が発生し、キャッシュフローにダメージを与えます。

ただし、修繕は避けようがありませんし、修繕費を下げるというのも難しいものです。

そこで、**保険にしっかり加入しておくのがリスク回避の一番の手段**だと思います。

入居者が家財保険に入るように、大家も自分の財産である建物には、当然保険を掛けるべきです。大家が入る保険には火災保険と地震保険があり、地震保険は文字通り地震に起因する損害に対する保険で、火災保険は火災以外にも落雷、台風、大雪、水災、盗難、外からの物体の衝突、それら以外の偶然の事故など、特約も含めてかなりの広範囲をカバーすることができます。

保険については、一番カバーできる範囲が広いものに入っておくに越したことはありません。

でも、保険料は高くなるわよね？

保険料は割高になっても不測かつ突発的な事故（たとえば、いたずらで建物を破損させられたり）に対応したり、エアコンなどの電気的な設備が壊れたりしたときに補償される特約などもありますから、たいていのリスクがカバーできるはずです。

もちろん、支払われる範囲と支払われない範囲があって、たとえばエアコンが老朽化して壊れた場合には補償されませんが、知らない間に室外機に何かがぶつかり不調になったという場合には支払われます。

壊れた原因は正直、専門家でないとわからない部分もあるでしょう。ですから、**ダメ元でいいので何かあったら保険代理店に相談して、保険の申請をする姿勢が大事**です。保険代理店というのは、別に保険会社の味方ではなく、契約期間が切れても継続して更新してもらうなど、むしろ契約者の味方です。

「ここが壊れて修繕が必要なんですが、これって保険の対象ですか？」と率直に聞いてみれば、親身に相談に乗ってくれるケースが多いです。

でも意外と大家さんは、その保険の申請すらもあまりやらなくて、「仕方ないな、困ったな」と言いながら自腹で修繕してしまう人が多いようです。

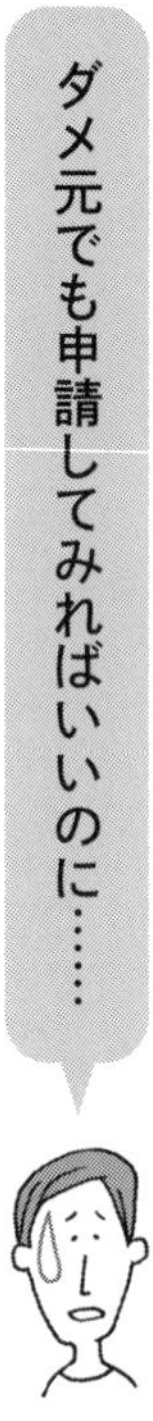
ダメ元でも申請してみればいいのに……

そして、申請が通れば保険で直せる場合もあるのに、しかも保険に入っているのに、その可能性すら知らないというケースも……。

僕自身の経験では、保険の申請をしてみて、意外にも広い範囲で補償が利くことを実感しました。ですからケチらずに、保険はなるべく広範囲をカバーできるものに入って、何かあったらまず代理店に相談して申請。それが修繕費を抑える唯一にして最善の方法です。

不動産投資はビジネスであって、投資というよりも〝経営〟という側面が強いです。

リスクヘッジというのは、まさに経営者的な観点です

「保険なんて火事で燃えたときにしか使わないんだから、一番安いので十分」といった考

えは、前時代的な大家さんの思考です。不勉強で、保険のこともよく知らない大家さんが多ければ多いほど、保険会社には保険金がたっぷりプールされていると考えてください。

保険を申請する際のポイントとしては、優秀な代理店とつき合うことです。相談したら、大家さん側に立って申請の仕方も提案してくれるようなところがいいでしょう。大家が高い保険料のプランに入ってくれれば、彼らにとってもフィーは大きいわけですから、その分頑張ってくれて、WIN-WINの関係になります。ただし、手数料が目当てで保険を売りたいだけの代理店もあるので、その辺は大家のコミュニティや口コミで紹介してもらったりして探すのがいいでしょう。

結局は、自身で動いて探せる人が、うまくやれる人だと思います。

18 家賃収入やキャッシュフローはどこまで目指すか？

不動産投資はベース作りということで話を進めてきましたが、ではどの時点で「ベースができた」と見なすのかというと、これは人それぞれだと思います。

もちろん収入は多ければ多いほどいいとは思います。不動産投資にのめり込んで毎月数百万円のキャッシュフローを作っていく人もいますが、僕の場合、好奇心が強いほうなので、ほかにおもしろそうなビジネスがあれば、そちらに興味が移って始めたくなってしまいます。それに、**1つのビジネスだけに偏りすぎるのもリスク**だという考えもあります。

一応の基準として僕が考えているのは、**不動産投資で毎月50万円から100万円くらいのキャッシュフロー**です。このキャッシュフロー額があれば、ひとまずベースになると思います。それから**次のビジネスへの「複線化」**を目指していくことをお勧めしています。

ここでいうキャッシュフローとは、家賃収入から、銀行への返済（返済利息を含む）や固定資産税・都市計画税（固都税）の税金、そのほか管理費（管理手数料）、光熱費や清掃費などの諸経費を差し引いた手残り額のことを指します。

キャッシュフロー＝家賃収入－銀行返済－固都税－諸経費

52ページの図で説明したように、決して「キャッシュフロー＝家賃収入」ではない点にご注意ください。

基準のキャッシュフローに達したら次のフェーズへ

50万円という数字は単にキリがいいからで、別に45万円でも構いません。月額50万円から１００万円の水準までキャッシュフローを維持できれば、おそらくすでに2億円から3億円くらいは物件を保有している状態だと思います。そこまでいけば、次の収入の柱を増やしつつ、時間が経てばまた不動産を買っていけるようになります。あとはタイミングを見ながら、不動産が高い時期と安い時期があるので、また安い時期に買えばいいのではないでしょうか。

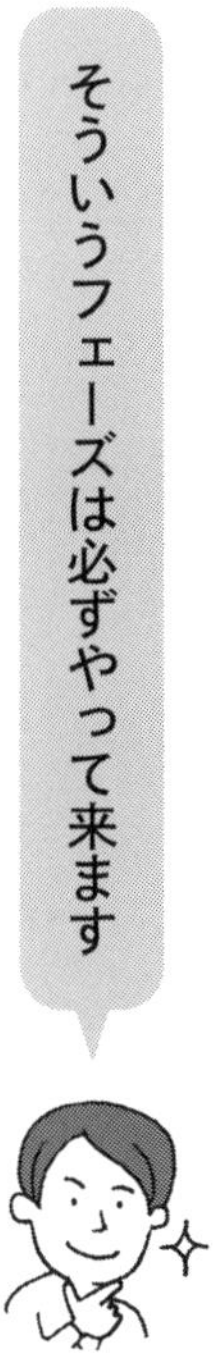

もちろん、買い増しながら同時にほかの収入を増やしてもいいのですが、ここはあえてほかの収入を増やしていくフェーズに切り替えて専念したほうが、結局は毎月のインカム

が増えるスピードが速くなります。

なぜかというと、結局のところ不動産投資の利回りでは、出せるキャッシュフローに限界があるからです。今だと**1億円分の物件を持っていたら、キャッシュフローは月25万円が合格ライン**と言われています。月300万円のキャッシュフローを作ろうとしたら、単純計算で物件を10億円は買い増す必要があります。

10億円借りて、金利が1％だったらどれだけ負担が増えるの？

その場合、支払う利息は1000万円です。不動産投資自体が抱える構造的なリスク……つまり日本の人口減少のリスク、金利上昇のリスク、天災のリスクなどを考えると、**あまり不動産にばかり偏りすぎないほうがいい**と、個人的には考えています。

もちろん不動産投資には、それらリスクに見合う分だけの魅力もありますが、不動産投資だけに偏るよりは、収入の複線化をしていったほうがリスクの分散が図れますし、月額300万円くらいのキャッシュフローを作りたいのであれば、複線化をしたほうがスピーディーであるというのが僕の実感です。

ベース作りの期間は１～２年

不動産投資は少ないリスクと労力でキャッシュフローが作れますし、**ローンを返し終われば物件はいずれあなたの資産**となりますから、優れた投資であることは間違いありません。ただし繰り返しになりますが、それに偏らないようにあくまでベース作りと考えましょう。月のキャッシュフローが50万～１００万円のレベルに達すれば、投資マインドも強くなってリスクも取れるようになっているはずですから、ほかのビジネスにも臆せずにチャレンジしていけるでしょう。

月のキャッシュフローが50万～１００万円、物件で2億～3億円規模に増やすのに要する時間は、早い人で半年から1年くらいで到達できます。本気でやっていれば、**遅くても2年はかからない**でしょう。

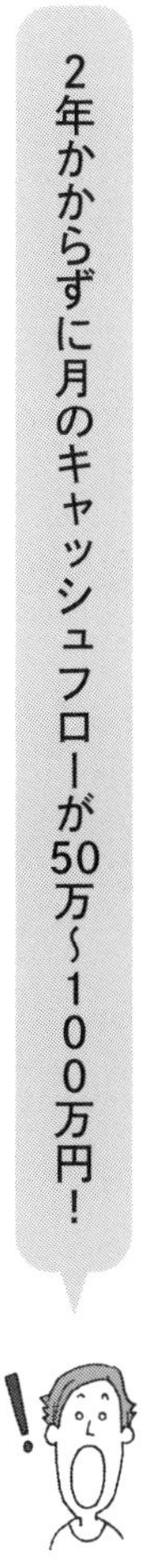
2年かからずに月のキャッシュフローが50万～１００万円！

ですから、さらに収入を複線化して、人生を変えるのにそんなに時間はかかりません。本気であれば10年もいらないでしょう。

まずは不動産から始めて１～２年で収入のベースを作り、ビジネスを複線化していくわけですが、**月のキャッシュフローが50万円を超える前に複線化を始めてもかまいません。**

なぜかというと不動産投資は、買ったあとに満室になったらそんなに時間をとられないので、キャッシュフローに余裕が出てきて、チャレンジできる態勢であれば、ビジネスのアンテナを伸ばし、情報収集に努めましょう。

不動産を買い増している途中で、すでにほかの案件の種蒔きを始めているくらいでいいですし、旺盛になっている投資マインドを無理に抑える必要はありません。どんどんチャレンジしていきましょう。

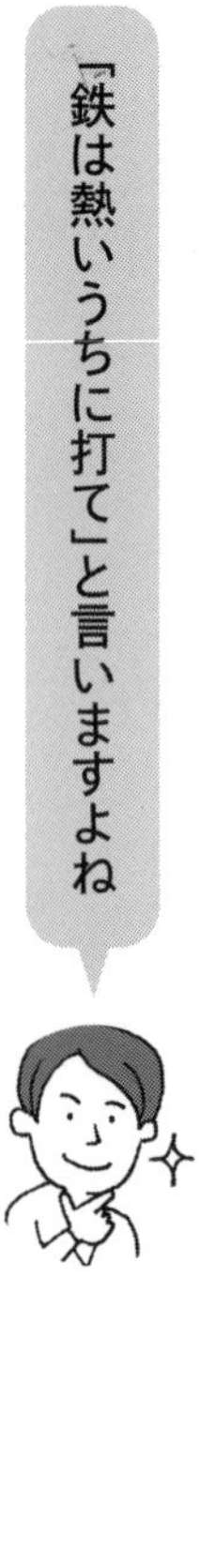

step 2

さらなる副収入は、
14のビジネスから
選ぼう！

19

ビジネスの複線化は5つのカテゴリーから

不動産投資によってベースがある程度できたら、次は**ビジネスの複線化に着手**していきます。

世の中にはさまざまなビジネスがあります。それがインターネットの普及やグローバル化、規制緩和によってさらに増えています。あなたがこうして本を読んでいる間にも、また新たなビジネスが誕生していると言っても過言ではありません。

この章では、そうした新旧のビジネスの中から、僕が厳選した14のビジネスを、次の5つに分類して紹介していきます。

①自動課金系……1民泊　2太陽光発電　3コインパーキング　4コインランドリー　5トランクルーム

②ネットビジネス……6物販（転売）　7アフィリエイト

③金融系ビジネス……8バイナリーオプション　9FX自動売買

④ノウハウ情報発信系……10ブログ、メールマガジン　11教材販売　12セミナー
⑤会員制ビジネス……13コンサルティング　14塾やスクール、コミュニティ

小銭を稼ぐ系のものから、不動産投資ではなかなか達成できない高利回りを叩き出すものまでさまざまです。また、リスクがほとんどないものから高いもの、労力が必要なものから必要のないものまであります。

大事なのは、あくまで不動産投資から上がるキャッシュフローの**余剰資金を使い、「なくなってもいいお金」のレベルでチャレンジ**していくことです。

もちろん失敗はしないほうがいいですから、情報の精査が必要ですし、勉強しなければならないことも出てきます。時にはお金を払って人に教えを請うことや、お金を払ってソフトを買うようなものも含まれます。ですから、**ここで挙げるビジネスをすべて実践する必要はありません。**1つひとつの解説を見て、自分に向くか向かないか、しっかり自分で判断するようにしてください。

判断ポイントは儲かるか儲からないかではなくて、自分に向いているか向いていないかです。向いてないことは苦痛ですし、いくら儲かるからと思って実践しても、結局はうまくいかない可能性が高くなります。

月々の上がりが入ってくる「自動課金系」

自動課金系は不動産投資と同じく、最初にそれなりの金額を投資して仕組みを作り、あとは基本的に何もしなくても月々の上がりが入ってくるビジネスモデルです。

ですから、すでに不動産投資でベースを作ったみなさんにはなじみやすく、チャレンジしやすいでしょう。

1　民泊（パターン1）物件を購入して始める

「民泊」とは、**所有するマンションやアパートの部屋をホテルのように旅行客に貸し出して、その都度宿泊料をもらうビジネス**です。

本来、これは不動産投資の空室対策や利回りを向上させるノウハウの一環として取り上げるべきかとも迷いましたが、昨今の社会情勢から、単純に不動産投資のスキームでは対応できなくなっているため、あえて複線化ビジネスとして紹介します。

この民泊は、もともと2000年代に入って、インターネット上で、貸し手と借り手の

間のプラットフォームを提供する企業が現れて普及しました。その代表的な企業がＡｉｒｂｎｂ（エアビーアンドビー）で、日本では２００８年にサービスを開始しました。

ただし、不特定多数の旅行客に部屋を提供して宿泊料を取るビジネスは、日本では旅館業として行政の許可が必要になります。しかし、円安による外国人観光客の急増や、２０２０年には東京オリンピックにおけるホテル不足も見込まれているため、２０１４年から特別区を設けて届け出制にするなど徐々に規制が緩和され、２０１８年までに新法の整備とともに段階的に全国規模で解禁される見通しです。（一方で、新法が厳しくなりすぎて、実際の民泊の運営にそぐわない可能性もあり、今後の新法の動向に注意を払う必要があります）。

始めるための条件としては、何よりも物件の立地がいいことです。東京であれば山手線の円周内が望ましく、そうでなくても大きな駅や利便性のあるエリアであればあるほど、そして駅から徒歩で近ければ近いほど望ましいでしょう。外れても大きなターミナル駅から１駅か２駅くらいがベターです。居住用にするなら閑静な環境のほうがいいですが、一時宿泊には利便性が優先されて、むしろ繁華街のにぎやかな環境でも問題ありません。

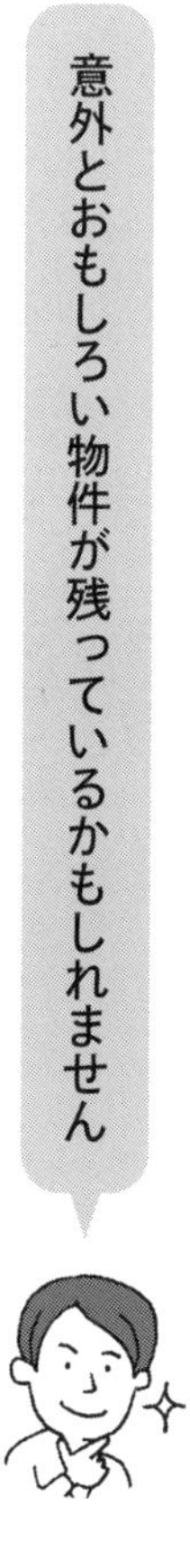
意外とおもしろい物件が残っているかもしれません

たとえば、そうした地域の狭めのワンルームマンションで、家賃が月に6万円だとすると、日割りでは1泊2000円ということになります。でも民泊にすると、ビジネスホテルの宿泊費並みの8000円とか、部屋が不足している日程では1万円以上の値付けができたりします。月のうち半分が空室でも12万円、7割稼働すれば16万円。利回り6％の区分マンションでも、民泊にすれば2倍、3倍の利回りが取れるというのは、そういう事情からです。

ただし、一般の賃貸と違って、テレビ、ベッド、クローゼットがない部屋にはハンガーラックとハンガー、洗濯機、電子レンジ、コーヒーメーカー、ドライヤーなどの**設備一式を初期投資として備える必要**があります。モノにもよりますが、おそらく20万〜30万円くらいはかかるでしょう。

また、インターネット上で宿泊客を募集したり、宿泊者から料金を徴収したり、ホテルのように部屋の掃除とかシーツやタオルの交換、洗濯、シャンプーなどアメニティの補充なども必要になるので、**専門の管理会社に頼まなければ成り立ちません。**これも当然、賃貸物件の管理のように家賃の5％とはいかず、20〜30％というのが相場ですからキャッシュフローには痛いところです。

また、2015年までは楽勝で儲かっていたのですが、規制緩和が進んで競争が激しくなり、以前よりは多少稼ぎにくくなってきた印象があります。それでも普通に賃貸に出すよりも儲かることは間違いないです。

さらに、民泊があまりに過熱したため、社会問題にもなってきています。1つは、届け出をせずにやっているケースが多いこと。民泊だと主な客層は外国人が中心になるので、区分マンションの隣の住人にすれば、ガラガラとスーツケースを引いた外国人に入れ替わり立ち替わり出入りされるわけです。生活習慣も文化も違うし、自宅ではないからあまり周囲に気兼ねもしなくて、夜中に大きな音を立てたり、酔って騒いだりということもあるかもしれません。

それで、役所に「民泊しているらしい」と問い合わせをされたり、マンションの管理組合から苦情が来たりで、保健所に立ち入り調査をされて撤退に追い込まれるパターンがあとを絶ちません。特に京都が一番、次に大阪がすごく厳しくなってきていて、東京もだんだんその流れになってきています。

きちんと届け出をして運営していたとしても、何か問題が起これば管理組合から注意を受けて運営できなくなる危険はあります。実際に今、特にファミリー向け物件では、治安悪化と資産価値の下落を懸念して、管理規約で民泊禁止にしているマンションが増えてきています。

ありゃりゃ、民泊がダメなマンションもあるのか

その場合は、購入している物件ですから**普通の賃貸に戻せばいい**ですし、民泊に出せるくらいに立地がよければすぐに空室は埋まるでしょうから心配はありません。民泊でずっと高利回りを狙うことだけを当てにはしないほうがいいとは思いますが、失敗する確率は低いので、これからいろいろ収入を作りたい人には向いている選択肢の1つだと思います。

また、戸建てを購入するという方法もあります。管理組合がない分、問題が起こりにくいことや、間取りが広く宿泊人数を多めに設定することができることなどから、長期的に高収益を見込める可能性があり、お勧めの投資法です。

1 民泊（パターン2）賃貸で借りた物件を転貸

今、僕が実行していて、みなさんにお勧めしたいのは、**立地のいい場所に部屋を借りて、その部屋を民泊用に貸し出すという「転貸ベース」の民泊**です。

仕組みとしては、まず目ぼしい物件を見つけたら、不動産屋を通して大家さんにコンタクトを取って、民泊に又貸ししてもいいかの確認を取ります。たいていの不動産の賃貸契約には〝又貸し禁止〟とありますが、所有者である大家さんがＯＫすれば民法上も問題ない範囲となるようです。

大家さんに渋られる可能性もありますが、敷金を多めに払ったり家賃アップを申し出たり、交渉の余地はあるでしょう。都内でも空室率が30％を超えているというこのご時世ですし、交渉に乗ってきてくれる可能性は少なくありません。役所への届け出がネックにはなるかもしれませんが、それもこちらで代行すればいいでしょう。ダメならほかの物件を探せばいいだけですし、世の中には似たような物件がいっぱいあります。

まずは又貸しＯＫの賃貸契約を結びます

その後は、パターン１（購入ベース）と同様に家具一式をそろえ、民泊専門の管理会社と契約して運営していくだけです。初期投資額としては、礼金、敷金、仲介手数料、最初月の家賃、家具まで含めて１５０万～２００万円くらいが必要です。あとは毎月の宿泊料収入から、管理費と家賃、光熱費、水道代を払って、毎月５万～10万円くらいが残っていくイメージです。

初期投資が２００万円とすれば、月利回りが２・５～５％。不動産投資で使う年利回りに直すと30～60％ですから、かなり効率のいい投資だとわかっていただけるのではないでしょうか。賃貸なので、マンション全体の管理費や修繕積立金、固定資産税や都市計画税もオーナーの負担です。ただし、２年ごとに賃貸契約を更新して、更新料を払う必要はあります。

転貸ベースであれば、初期投資は２００万円くらいなので、月額のキャッシュフローが10万円超であれば２年もかからずに回収できます。管理組合からの横槍で早めに撤退することになっても、賃貸不動産で収入のベースがあるので、気持ちの上では「まあちょっと運が悪かったかな」くらいで済みますし、あとは敷金が戻ってくることも期待できます。

僕は会社を辞めて２０１４年に独立してからこの転貸ベースの民泊を始めて１年半くらいで、それぞれ東京の新宿に２部屋、渋谷に１部屋、田町に１部屋、日暮里に１部屋と増やしました。５部屋合わせて、悪くても毎月30万くらいはキャッシュフローがあり、繁忙期には80万円を超えたこともあります。もちろんうまくいかないと、収支がトントンであったり、場合によってはマイナスが出たりするリスクはあります。

人気物件になるとすごく稼ぎやすいという実感はあります

デメリットとしては、購入ベースであればローンを引いて自己資金をそれほど投入しなくても始められますが、賃貸ですからローンが使えず、リアルに現金が出ていくことです。また、これも購入ベースと同様に、**管理会社への管理料**がネックにはなります。

ただし、僕の場合、同様に転貸で民泊をやっている仲間たちでクラブを作って、管理会社には一律に、1部屋当たり3万円でお願いしています。売り上げが10万円でも、40万円でも、一律3万円。ホストのわれわれにキャッシュフローが出ないと意味がありませんから、そこはご理解いただいて、相当に管理費を抑えてもらっています。

管理手数料が25%だと、40万円の売り上げがあっても10万円を取られてしまいます。そこを3万円でやってもらえると、キャッシュフローが7万円も違ってきます。管理会社からすれば7万円を儲け損ねるわけですが、その代わり、彼らはスケールメリットを享受できることになります。

もともと小さい規模でやっている管理会社に声をかけて、僕らと提携して一気に規模が大きくなりました。そういう規模の拡大路線も含めて、キャッシュフローが出やすい仕組みを作っていくのも、ビジネスの醍醐味です。

1　民泊（パターン3）一棟借り上げ・旅館業取得

このように転貸ベースの民泊はとても優れた仕組みなのですが、区分オーナーからOKをもらっていても、マンション全体から許可をもらっているわけではないので、管理組合からNGが出て撤退になるリスクはゼロではありません。実際に東京で今、僕のクラブでも10％くらいが撤退になっています。

そこでもっと安全性を高められないかと考えた末、僕が最近作ったのが、**ワンオーナーのマンションを一棟まるごと全部借り上げて民泊にするというスキーム**です。そうするとホテルみたいなものですから、管理組合と揉めるリスクがなくなります。常駐のスタッフをマンションに住まわせて、近隣にご迷惑がかからないように騒いだら注意するとか、宿泊客が荷物を運ぶのを手伝うようにすると、募集サイトのレビューも良くなって稼働率が上がるというメリットもあります。

こういう仕組みをほかにやっている人もいるとは思いますが、僕の知る範囲では今のところあまり聞きません。まるまる全部空いている物件（しかも利便性の高い）を見つけて借り上げるというのが本当に難しいようです。

また、その規模になると、本来はオーナーが旅館業の認可を取る必要が出てくるでしょう。ひとりひとりがバラバラに部屋を借りて、バラバラに民泊をやっている状態は、完全に合法でもないグレーゾーンです。

そこで最近取り組んでいるのが、新築で旅館業の認可を取って、完全に合法でやるというスキームです。これは、たとえば京都とか東京の都心部で土地建物から新築して、それを1部屋ずつ投資家さんが借りられるようにするというもの。弁護士に介入してもらい、旅館業の認可を取っていない投資家さんでも旅館業を営めるスキームを組みます。1部屋を月額13万円くらいで借りて、30万円売り上げるイメージです。

ここまでになると、旅館業を取っているので撤退リスクに関してはゼロです。賃貸契約を結んで、敷金・礼金や仲介手数料、家具も含めて200万円くらいで始められれば、儲からないリスクは非常に低いと考えます。

また、管理会社が入って運営は丸投げですから、新しい不動産投資の形として、手軽でいいと思います。

最悪でも初期投資の200万円で損切りできます。失敗しても200万円まるまる損することはないと思いますが、それぐらいのダメージで済むのであればチャレンジしてみる

価値は十分にあるでしょう。逆に言えば、200万円の損切りをできるレベルの人が始めるのにちょうどいいのが民泊ビジネスです。

政府が今、カジノを作ろうと熱心にやっているように、日本は今、外国人を一所懸命に国内に呼び込んでいます。2016年は年間2400万人の外国人が日本に来ましたが、そのペースが加速すると言われていて、観光庁の発表では東京オリンピックの2020年には4000万人、2030年には6000万人を目指すそうです。

日本人が減る限りは観光立国にしていかなければいけないので、**民泊は、そのインバウンド（訪日外国人旅行）という新しいトレンドに合わせて、将来の需要を掘り起こす住空間提供ビジネス**と言えます。従来の日本人向けの賃貸経営にプラスして、そういうものを1部屋から始めるというのも、選択肢として考えてもいいのではないでしょうか（民泊に関する新法がどのような内容になっていくのかにも注目していく必要がありますが）。東京オリンピックに向けて、民泊は今、そういうスキームに移っています。

2 太陽光発電

太陽光発電は本来、次章のStep3（権利ビジネス編）向けの案件でありますが、せっかく不動産投資でベースを作るわけですから、**不動産と相性が良く、すぐに始められるビ**

ジネスとして、ここで紹介しておきます。

みなさんよくご存じかと思いますが、太陽光はパネルを屋根に載せるか野立てで発電して、それを電力会社に売るというビジネスです。

このビジネスのいいところは個人で始められて、ローンも付くところです。売電収入ですから**空室の心配はありません**し、しかも事業であれば**電力会社が20年間、決まった金額で買ってくれる**という制度があって、いわば国のお墨付きでものすごく手堅いのもいいところです。

ただ、もうそろそろピークは終わりの感があって、少し前までは利回り12～13%は出ていましたが、今は10～11%くらいです。ですからすごく儲かるわけではないものの、一棟物件であればある程度は屋根の面積も大きいですし、設置後は何もしなくても収入が見込める点がいいという感覚です。

太陽光パネルを設置する方法には、屋根載せと野立ての2種類があります。

屋根載せの場合、初期投資額は屋根の面積や形状にもよりますが、100万円から数百万円というところでしょうか。たいていは頭金ゼロのローンで始められて、15年ローンで金利はだいたい2・5%くらいです。

一方、土地に架台を使ってパネルを並べる野立てだと、50kw前後の設備を2000万円前後の金額で投資して毎月のキャッシュフローが5万～10万円くらい出ますので、安定した権利収入として非常に人気があります。

設置後は何もしなくていいならすごくいいんじゃない？

ただし、デメリットというか不安な点は、出口がはっきり見えないところです。**電力会社との契約が終わる20年後にどうなるのか、再契約があるのか、再契約があれば値段はどうなるのか、再契約がないならそのまま屋根に載せておくのか……**どうなるのかは確たることはわかっていません。

わかっているのは、「20年後にどうなってもとっくに回収が終わっているからいいでしょ」というくらいの気持ちでみなが走り出している点です。だいたい15年で初期費用を回収しローンの返済を終え、「5年間は無借金で売電収入があるし、とりあえず安心でしょ」という感じです。いずれ太陽光の中古市場が形成されて、中古で利回り15％みたいなものも出てくるかもしれませんが、そういうフェーズになるのはまだこれからです。

どうなったとしても、とっくに借金がなくなって5年間フルキャッシュで収入が取れたあとの話なので、致命傷にはならないとは思います。また減価償却費が取れるので節税に活用できるというメリットもあります。リスクがすごく低くて、しかも継続できるので、やってもいいビジネスといえるのではないでしょうか。

それともう1つ気をつけたいのが、**太陽光発電が「動産」であるため、不動産投資の融資に影響が出る可能性**があるということです。金融機関は「動産」を資産とは評価しないので、不動産投資に対する融資を検討してもらう際に太陽光発電のローンを組んでいる状態だと、資産性のない「動産」を保有していると判断されて信用を毀損する可能性があります。ですので、不動産投資の規模を拡大している途中の方は太陽光発電への投資は控え目にしてタイミングをずらしたほうがいいと個人的には考えます。

3 コインパーキング

コインパーキング経営は、僕自身は手掛けていないものの、僕の知り合いが成功していて、最近、注目しているビジネスの1つです。

僕の知人のケースとして、不動産投資を何十室かしていた女性が2013年頃からコインパーキングに切り替えて成功したという事例があります。

仕組みとしては、転貸ベースの民泊と同様に、土地から買うのではなく、地主から土地を借りて、それを駐車場に転用するのがミソです。土地の購入から始めたら1000万円単位の投資になってしまいますし、撤退するのも容易ではありません。駐車場の毎月の売り上げの中から、地主に地代を払い、管理会社にメンテナンスや警備費用を払った残りが収入となります。

無人で課金される効率のいいビジネスです

軌道に乗ると面倒がないので、そういう意味でもお勧めです。

初期費用としては、ロック板や精算機はリースではなく、経営者が購入する必要があります。さらに、それら機器の設置工事、電源の引き込み工事、料金案内の看板設置の費用などがかかります。また、アスファルト舗装費も貸す側で負担するケースが多いようです。

これも転貸ベースの民泊同様に、ローンを引くのは難しいビジネスです。

実際に、都市部で昼間料金１時間４００円が見込める場所に10台の駐車ができるコインパーキングを開業する場合、**初期費用には２５０万円くらい**かかります。経営をざっくりシミュレーションしてみると、その広さだと地主への地代が月に20万円くらい、管理会社に支払うコストが５万円くらい。とすると、１台分のスペースにつき１日８００円の売り上げがあれば、だいたい収支はトントンということになります。

１日に８００円ならば、昼の時間帯に２時間駐車してくれればいいわけで、なんとなく楽勝に思えます。これが１台分のスペースにつき１日１０００円なら月に５万円のキャッシュフローで、年に60万円ですから利回りは24％。１日１５００円なら月に20万円のキャッシュフローが出る計算です。

これなら初期投資は１年でほぼ回収できてしまいます。

ものすごく夢のある話をしたあとで、僕が以前にもらった提案を紹介しますと、「大阪の土地に３００万円くらい投資して、月に６万～７万円のキャッシュフローが出ますよ」というものでしたので、実際はそんなところだと思います。

ただ、最近聞くのは、コインパーキングというのは場所を間違えるとすごく悲惨だということです。いい場所に出せればすごく儲かるものの、間違えると全然儲からないどころか持ち出しが増える一方です。

これは、僕の知人の不動産投資家さんのお話ですが、その方はコインパーキングでかなり苦戦を強いられたそうです。おそらく立地が悪いのか、大体毎月トントンか、ちょっと赤字みたいな状況のようです。値段を上げたり下げたりしていろいろ工夫はしても、なかなかうまくいかないよう……。

コインパーキングはマーケティングが難しいのか……

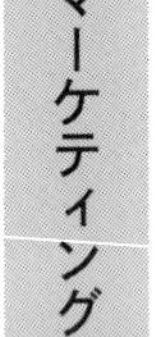

それでもうまくいっている人は安定して儲かっています。不動産投資のキャッシュフローを貯めて、何百万円か余剰資金があれば借金をしないで始められますし、コインパーキング経営にチャレンジしてみるというのもおもしろいのではないでしょうか。

4 コインランドリー

コインランドリー経営は、僕自身ついこの間まで真剣に始める準備を進めて、寸前で頓挫したという経験があります……。

「一家に1台洗濯機がある時代に、コインランドリー経営なんて成り立つの?」と思われるかもしれませんが、昔みたいに四畳半風呂なしアパートに住んでいるお兄さんが通うようなものではなくて、今は大型の乾燥機や洗濯機があって、広くてきれいな明るいコインランドリーがすごく増えています。

よくあるのが郊外型の大きな駐車場が付いていたり、大きなスーパーの駐車場の端っこにプレハブで建てられたりしているものです。最近では街中でも、テナントビルの1階を全部借り上げてコインランドリーにしているケースもあります。

大型の洗濯機や乾燥機があるので、雨が続いた週末にまとめて洗って乾燥したり、毛布やカーペットなど家庭の洗濯機には入らない大きなものを洗ったり、梅雨時には家で洗ったものを持ち込んで乾燥機だけ使ったり、**「雨の日はお金が降ってくる」**という表現を、コインランドリー業界の人はよく使っています（笑）。

単身層というよりは、ファミリー層が便利に使っているのが、今のコインランドリーです。**1回使うとその便利さを実感し、リピーターが増えていて、業界として毎年3～5％くらい売り上げが伸びている**と聞きます。

もちろん、これも無人でやれるビジネスです。最近はインターネットで売り上げも管理できるので、パートを雇って清掃と集金を月3万円くらいでやってもらえばいいというイメージです。

ただし、リピーターが付くまで半年から1年くらいは経営が安定しないことが多いです。その間、宣伝をテコ入れしていく地道な積み上げがすごく大事になります。ホームページのＳＥＯ（検索エンジン対策）や、同時にチラシの配布といったアナログ戦略もしっかりやっていかないといけないので、労力は比較的かかります。

でもいったん、「あそこのコインランドリーはいいね」と認知されるとすごく安定して儲かってきます。そういえば、前述のコインパーキングで苦戦を強いられていた知り合いの投資家さんも、「コインランドリーのほうはすごく儲かっている！」と語っていました。

コインパーキングと違って、経営者の裁量でいろいろと差別化を図っていけるのもいいところです。あえて午前中だけ人を雇ってお客さんをサポートしたり、置く雑誌のラインナップを充実させたり、無料のＷｉ‐Ｆｉを設置したり、サービスを充実させてリピーターを増やしていくのも手です。

場所も、パチンコ店や有名なラーメン店のすぐ近く、人気の銭湯（そこにコインランドリーがなければ）の近くに出店し、洗濯や乾燥している間の時間をつぶせる工夫をうまくやっている人がコインランドリーで稼げているようです。

開業するにはまず、街中だとそれなりに広さのある居抜き物件を借りるか、郊外だと駐車場も兼ねて広い土地を借りてプレハブで建てるところからスタートします。一応、**立地**

は半径1㎞くらいに競合がないというのが前提になります（都心部の住宅密集地はその限りではありません）。意外とテリトリーは狭いですが、その範囲に出店がなければ、需要は高いと言えます。

そこに新品の機械を入れて、安いものでだいたい１８００万円から、高くていいものを揃えるとなると３０００万円、予算感覚としてはざっくりとそんな感じです。また、コインランドリーの場合はローンが使えます。

それに対して売り上げが月に50万円から、高い機械を入れた場合には１００万円くらいは欲しいところです。年収にすると６００万～１２００万円ほどで、年利回りに直すと、表面利回りで30～40％は狙えます。そこから家賃を払って、ローンの返済、水道光熱費や水道代などを差し引いても、月に10万～20万円は残るようなお店を造っていきます。

ただし、ローンは使えるものの、残念ながらどうしてもフルローンは難しいところです。

障壁は、自己資金を用意できるかか……

おそらく新品の設備で始めるとなると５００万～６００万円は自己資金を投入できないと難しいでしょう。なぜかというと、日本政策金融公庫や保証協会付きの信金などで借り

る事業ローンというのは、だいたい1000万円が上限ですから、残りは手持ち資金で何とかするしかありません（もともと金融関係とつき合いのある人は借りやすいので、その限りではありません）。

機械を中古で揃えたり、分離発注（各種の工事会社へそれぞれ工事依頼）することでコストを抑えて、1200万円くらいで初期投資が済むという人もいます。その場合は起業時に使う自己資金は少なくて済むものの、開業してすぐ家賃の支払いや、リピーターが付いて軌道に乗るまではしばらく収支がトントンか赤字の状態が続きますので、やはり何百万円か自己資金に余裕がないと始められないというのが弱点と言えます。

自己資金の点さえクリアできて、開業して半年から1年を持ちこたえて、ちゃんとテコ入れできる人であれば、コインランドリーはすごくうまみのある事業になります。自動課金できる上に、設備の減価償却もできますから、経費計上としてもいいですし、手持ち資金に余裕があるならチャレンジする価値は十分にあります。

僕自身も現在、必死でコインランドリーの物件を探しています（笑）

5 トランクルーム

トランクルームに関して、僕は未経験者です。ただし、その道ですごく有名な塾に入って、トランクルーム経営について勉強したくらいで、今でも本気でやりたいとは考えていて、コインランドリー同様、物件を探しています。

単純に言えば、人間に部屋を貸すのが不動産投資で、トランクルームの場合は物に部屋を貸すわけです。「キュラーズ」や「加瀬倉庫」などがフランチャイズとして有名ですが、それをフランチャイズに加盟しないで自分でやるというのがミソです。

これがビジネスとして有望なのは、**収納の需要は日本全国にある**点です。日本人はほぼみんな収納に困っていると言っても過言ではないでしょう。

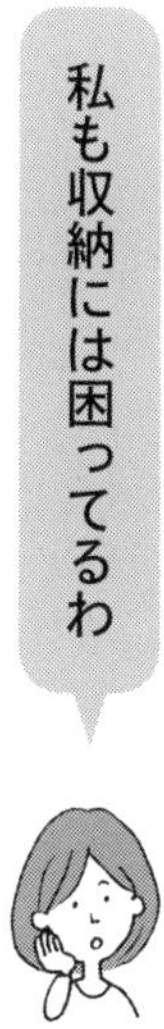

それに1回使うとやめる人が少ないと言います。冬の間に扇風機をしまいたいとか、夏の間にスノボやウィンタースポーツの用具をしまいたいとか、衣替えでプラスチックケースごと季節ごとに入れ替えたいとか、何かしら1年中使ってくれるわけです。また、アパートやマンションなどの賃貸住宅に住んでいる人だけが対象というわけでもなくて、ス

タッドレスのタイヤやゴルフ用具、アウトドア用具などを収納するために、戸建て住まいの人でも使うことが多いのです。
少子化で日本人は減っていくから、地方の場合は賃貸物件の空室リスクは高くなります。でも、**収納の需要というのは地方でも減ることはなく、多少人が減ってもそう変わらない**のではないでしょうか。トランクルームは、不動産の賃貸物件よりも退去が少ないらしくて、いったん成約すると、利用者が引っ越しでもしない限りはほとんど継続使用されるそうです。

私がトランクルームを教わった、とある塾の卒業生が次々とトランクルームを始めて、その展開数はすでに50店舗を超えたと聞きました。僕が入塾した２０１３年当時はまだ20店舗くらいだったのにどんどん増えていて、撤退しているところはほとんどない状況です。

これも物件は購入ではなく、転貸のスキームを利用します。**マンションの1階で30坪（約１００㎡）くらいのテナントを借りて、そこに貸すスペースを55～60%、人が移動できるスペース（動線）を40～45%ほど確保**して、狭い部屋から広い部屋までパーティションで仕切っていきます。そして月に３０００円の小さな部屋から、１万数千円の２畳部屋まで、部屋の大きさとエリアの家賃相場に合わせて値付けして、部屋代をいただきます。

民泊の場合はオーナーに許可を取るのがハードルになりますが、トランクルームの場合はそれがないのがいいところです。厳密には又貸しになるのかもしれませんが、そのまま第三者に使わせるわけではないですし、オーナーに「トランクルームを経営します」と言っても、「ああ、そういうビジネスもありますね」という感じであまり気にされません。役所に届けを出して認可をもらう必要もありません。

費用はどれくらいかかるのかしら？

初期費用としては、30坪くらいで３００万円ほどの投資で足ります。また、コインランドリーと同様に、インターネットのサイトやポスティングなどでお客さんに認知してもらい、軌道に乗るまでには半年から1年はかかるので、そこは確かに大変なのですが、順調に埋まってくると月に25万～30万円くらいは売り上げが見込め、家賃にもよりますが10万～15万円前後のキャッシュフローを得ることが可能です。仮に1年のうち立ち上げの半年間はゼロだったとしても、そこから1年ほどで、初期費用の半分（１２０万～１８０万円）を回収できてしまう計算ですから、ものすごく高利回りです。

ランニングコストといえばテナント家賃と、あとは電気代くらい。賃貸なので固定資産税や都市計画税もかかりません。また、不動産投資の場合は退去が出ると原状回復のリフォーム代がばかになりませんが、トランクルームの場合は雑巾がけで十分。水拭き&から拭きだけで済んでしまうのも素晴らしいところです。そこが出費が少ないのに、軌道に乗ればすごく儲かるゆえんです。

また、これは立派に事業なのでローンも組めます。日本政策金融公庫で借りるのもいいでしょう。

ただし、しばらくは売り上げがないまま、家賃やローンの支払いがあるので、ある程度はキャッシュフローや自己資金に余裕がない状態ではやらないほうがいいでしょう（仮に失敗しても物件を購入してはいないので、撤退はラクではありますが）。

いいことずくめで、僕も始めたくて仕方がないトランクルーム事業ですが、最大の参入障壁は物件探しの難しさに尽きます。

条件に合ったテナントをいかに安く借りるかというのが大事です。僕の師匠や塾生の方たちは、**地方都市ながら30坪で月額10万円くらいの物件**を見つけてきます。それくらいの値段で借りられれば大チャンスで、失敗はほとんどありません。

居住用の物件ではないので**駅から徒歩15分など遠くてもいい**ですし、1都3県でなくてもいいわけです。むしろ地価の高い東京よりも、師匠は広島などの地方でやっていますし、地方都市のほうが見つけやすいでしょう。多少場所が不便でも、コインランドリーもそうですが、駅前や繁華街だと逆に場所がよすぎて、人目につくから嫌だと敬遠されたりするものです。

ただ1つ必須の条件は、**すぐ近くに駐車場があるか、車を横付けできてちょっとくらい路駐しても大丈夫な場所があるか**どうかです。

今は不況で空きテナントがそこかしこにポコポコと見つかりますから、すごくチャンスではあると思うのですが、でも実際に探し始めると、なかなかベストな物件が見つかりづらいもの。僕も以前、横浜市の磯子区に住んでいるとき好物件を見つけたものの、契約寸前でその建物ごと不動産業者に買われてしまって悔しい思いをしました。それから東京に引っ越してしまって、トランクルームの物件探しが止まっているものの、最近になって物件探しを再開しました。

僕自身は絶対にやりたいと思っていますし、これは本当にお勧めです。条件に合う物件を見つけたら、ぜひチャレンジしてみてください。

21 自分で動いて稼ぐ「ネットビジネス」

ネットビジネスは、インターネットを使って不特定多数を顧客にするビジネスで、**仕組みを作ればあとは手のかからない自動課金系と違って、自ら動くことが必要**です。

とはいえ、あくまで副業の範囲でできますし、何よりいいのは初期投資が比較的少なくて済むというところ。コツをつかめばラクに儲けることができるようになっていくので、時間のある人はチャレンジしてみると良いでしょう。

6 物販（転売）

これはインターネットのオークションを使って、中古商品を安く買って、仕入れ価格よりも高く売って利ざやを稼ぐビジネスです。国内転売もあれば、海外輸出、あるいは輸入して国内転売など、さまざまなスキームがあります。また、在庫ありで売るものと、在庫なしで売るものもあります。

僕も２０１２年の夏から、**カメラ転売**をしばらくやっていました。

流れとしては、ヤフーオークションで下手に（あまり人気が出ずに）出品している人から安く買って、自分は写真を上手に撮って、改めて出品すると、それが高く売れるのです。嘘みたいな話なのですが、本当です（笑）。

だいたい**買った価格の15％くらい高く売れました。**月にトータルで250万円くらい仕入れて、300万円くらい売り上げて、毎月40万や45万円くらい儲かるという感じです。最初の1～2ヵ月は赤字でしたが、3ヵ月目から急に稼げるようになりました。コツをつかんだというか、それはちょっとおもしろい体験でした。

こう書くと非常に簡単なのですが、仕入れや商品撮影、出品の仕方など、やはり細かいノウハウがいろいろあります。僕はそれを、専門の塾に通い、お金をかけて学びました。物販を始める場合、そういうノウハウを**結果を出している人から学んだほうがいい**と思います。

僕の場合は当時、不動産投資でキャッシュフローが月に40万円ほどあり、それを元手に何か始められないかと思っていた矢先に、インターネット上でたまたま知ったのが、カメラ転売の塾でした。その塾に僕は10期生として入り、9期生まで稼いでいる人がすごく多かった事実を目の当たりにしました。

受講するには3ヵ月で30万円ほどかかりましたが、それは先行投資だと割り切りました。

実際に無駄ではなかったですし、お金を払って学んで良かったと思います。自分で試行錯誤をしながら始めても、かなり大変だというのは覚悟したほうがいいでしょう。

転売は本気でやれば、50万～100万円くらい資金がある人ならば、月に数十万円は稼げます。特に、家賃収入で数十万円のキャッシュフローを作れた人であれば、それを精神的な支えと仕入れ資金にしていけばいいので、失敗は少ないです。逆を言えば、その仕入れ資金がない状態で、サラリーマンの人が副収入を作ろうとしていきなり転売をやろうとすると、あまり儲けられないケースが多いです。

たとえば3万円で売れそうなレンズがあるのに、2万円で買うのをためらってしまうという具合で、少ない小遣いやヘソクリの中でやっていると怖気づいてしまうのです。でも余剰資金があったり、キャッシュフローが何十万円も取れている人ならば、それほどためらわずに思い切った仕入れができますから、その分、しっかり儲けを出すことができます。

小林さんってカメラに興味があったんですか？

ちなみに僕はカメラにまったく興味はありませんでしたし、正直、今もありません（笑）。ではなぜ物販の中でもカメラ転売をやったかというと、単純に**カメラが一番、素人**

の個人でも儲けやすいからです。なぜかというと、カメラは世界中に需要があってマーケットが大きいから。世界中の人がニコンやキヤノンのカメラを使っていますし、国内でもものすごく需要があって、コレクターもいます。フィルムカメラもいまだにかなりの需要があって、ライカや海外のカメラもすごく人気があります。

あと、単価が高いのも魅力です。「大玉」と呼ばれる一眼レフ用の明るいレンズは何十万円もするのですが、それもすごく買い手がつきやすいわけです。また種類が豊富で、本体はともかくレンズは壊れなければ一生使えるので価値も落ちにくいですし、「昔のもののほうが味がある」といった価値観もありますから、ヴィンテージのライカなどは高価で取り引きされています。マーケットが大きくて、実需要とコレクターが入り混じって、物の売買が頻繁になされていて、需要が枯渇しない分野なのです。実際の中古店でも、本やCD、古着以外では、やはりカメラの店が多いのは、マーケットがあるという理由によります。

もちろん、ほかのジャンルでも稼いでいる人はいっぱいいます。**ギターも利益率が高くてお勧め**です。特にヴィンテージと呼ばれるものは海外での人気も高いので、「eBay」などで輸出して儲けている人もいます。これもカメラと同様に、知識がゼロではダメなのでしょうが、あまり知識のない人でも始められるようです。音の善し悪しとかは主観の話ですし、うまくすればすごく利益が乗るので、1台売れたら10万円くらい儲かるといった話を聞きます。海外の有名なアーティストが、個人のアカウントで買ってくれることもあるそうで、1回売れて気に入ってもらえたらリピーターになって、すごくいい商売が続くという話も聞いたことがあります。

いろいろな商品で稼げるんだね！

物販は実際に物を探して、仕入れて、出品して、売って、発送して、クレームがあれば対応してと、手間はかかりますから、それが嫌な人はやらないほうがいいでしょう。

落札者からの評価をよくするために、早急に対応し、毎日（会社勤めをしている人であれば毎晩）コンビニに品出しに行く作業ができるかどうかもポイントです。週末にまとめて出荷すればラクですが、なるべく早く納品したほうが相手に喜ばれますし、いい評価をしてもらえるので、僕は睡眠時間を削ってでも、夜中に品出しをしていました。

なお、世界最大級の通販サイトのアマゾンから出荷する場合、**「FBA（フルフィルメント by Amazon）」**というサービスを活用すれば、商品の保管から注文処理、出荷、配送、返品に関するカスタマーサービスなどの負荷を軽減することができます。このシステムを使う物販プレイヤーは多いですが、それでもやはり商品のリサーチや仕入れ作業、商品相場の推移などのチェックは必須なので、労働系のビジネスであることには変わりありません。

ただ、何度か書いてきたように、不動産投資というのは軌道に乗ればビジネスとして働いている実感があまり湧かないので、やはり物販という労働をすることで、精神的なバランスを取るのはいいことだと思います。

逆に、物販をやることで、不動産投資の素晴らしさを再認識するようになるかもしれません。たとえば、物販で自分が苦労して40万円を稼いでいる間に、不動産では何もしなくても勝手に40万円稼いでいてくれるというありがたみが身に沁みるはずです。

サラリーマンをやりながらだと大変ですが、不動産投資やそのほかの自動課金ビジネスだけでも食べていけて、貯金もどんどん溜まっていく状態になれば、実労働ビジネスの物販をやるのはすごくお勧めです。

7 アフィリエイト

アフィリエイトは、ブログやメルマガなどで商品やサービスを紹介して、そこから閲覧者が商品を購入したり登録したりすると報酬が得られるビジネスです。

これも労働系と言えます。物販は肉体労働も伴いますが、アフィリエイトはデスクワークだけなので、よりお手軽です。

ただ、そういった従来型のアフィリエイトは頑張れば稼げますが、向き不向きがあります。人に何かを買わせるわけですから、そのブログの信用度とか、メルマガ発信者の信頼残高を積み上げていかなければなりません。そういう信頼度が高い人は、アフィリエイトに向いていると言えます。「この人が言うから」とか、「このブログが紹介するから」と、その信頼があるから買ったり登録したりするわけです。

芸能人とか有名人がやるにはいいでしょう。ブログに「これいいよー」とか書いてアフィリエイトリンクを貼ると、もうビシバシ売れる。でもそれは有名人だから、それだけ積み上げている信頼残高があるからうまくいくわけで、無名の一般人がそれをイチからやろうとすると、ものすごく大変ですし、時間もかかります。根気がないと続きませんし、成功確率がそう高くないのも、みんな途中で挫折してしまうからです。

でも最近の主流になっている、いわゆる**「トレンドアフィリ」ならおもしろい**と思います。これは無料ブログを立ち上げて記事を書いて、そのブログにアクセスがあると、そこにリターゲティング（サイトに訪れたユーザーがその後に閲覧したページを追跡する）で閲覧者に合わせた広告が出てきて、閲覧者がリンクをクリックすると報酬が課金される仕組みです。
ブログの内容は商品紹介に限られず、好きなことを書けばいいというのが、従来型のアフィリエイトとの違いです。広告バナーには、その閲覧者が過去にどんな商品を買ったり、どんな商品のことを調べたかといったデータから、興味を持ちそうな商品が勝手に表示される仕組みになっています。

好きなことを書けばいいなら、誰でもできるんじゃ……

好きなことを書けばいいとはいえ、閲覧者の絶対数が多くなければ儲かりませんから、ポイントは、芸能ゴシップとかスポーツとか政治ネタとか常に世間の話題を押さえて、すぐにブログに書くことです。たとえば元スポーツ選手がクスリで捕まったりしたら、「その人の名前　覚せい剤』と検索したときにヒットするようにします。芸能人の不倫が発覚して騒動になったら、「その人の名前　不倫」と検索したら出てくるようにブログを書きます。そうすると、翌日の朝、満員電車でみんなが検索して、ブログを読みに来て、広告が気になったらリンクを踏んでいくというわけです。

僕が知っているトレンドアフィリの先生は、某元スポーツ選手の記事をブログに書いただけで1ヵ月間、毎日5万円を稼いだそうです。某芸能人のときも1日に3万〜4万円ほど。元手はほぼ無料で、労力といってもブログを書くだけで、1ヵ月に100万円や150万円の稼ぎをあげています。

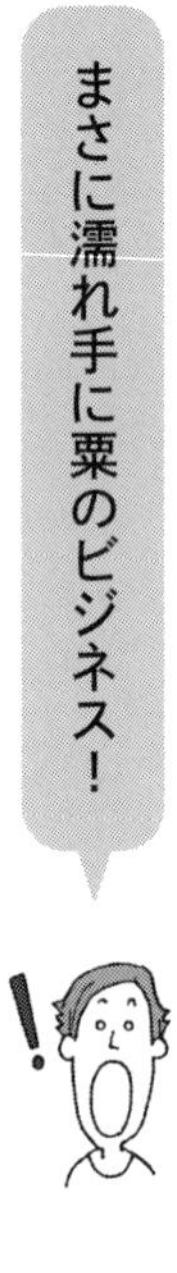

とはいえ、**タイトルの付け方や文章の書き方には、かなりのノウハウやコツ**があります。これも物販と同様に師匠に教わって、2ヵ月くらいはしっかり修練してから始めるイメージです。ネタ選びから、タイトルの付け方、どういうポイントで書けばいいかを教わって、自分で書き始めてからもコツをつかむまで苦労するとは思います。

ただ、いかにSEOを上げるか（検索サイトでより高い順位に表示させるか）が勝負であって、書く内容はそんなに上手な必要はないのです。芸能人ネタにしても、スポーツ選手ネタにしても、プロのライターではないのでそこまで素晴らしい文章は書けないでしょう。ですからそういうところで勝負せずに、わざと突き抜けた、極端に変な意見を書くのも1つの手です（ただし、読ませるおもしろい文章を書く力があればそれに越したことはありません）。「炎上商法」という言葉もありますが、自分の本音を書かなくてもいいわけですから、わざとキツめの言葉を使ってアクセスを集めて、「このブログ、おもしろいな」と思わせれば思う壺です。そうやってブックマークされて、定期読者が増えて、記事更新される度にみんなが見に来る状況を狙うわけです。

トレンドアフィリのデメリットとしては、意外と時間を取られることです。少なくても1日に記事を1本か2本は書かなければいけないですし、それを毎日、継続して書き続けることができる人でないと稼ぐのは難しい。手軽そうに見えて結構労力はかかります。それができれば副業で月に100万円くらい稼ぐ人もいますし、月10万円くらい稼ぐ人は結構たくさんいます。何よりほとんどコストがかからないので、時間に余裕があって文章を書くのが好きなら、やってみてはいかがでしょうか。

22

実働なし、相場で儲ける「金融系ビジネス」

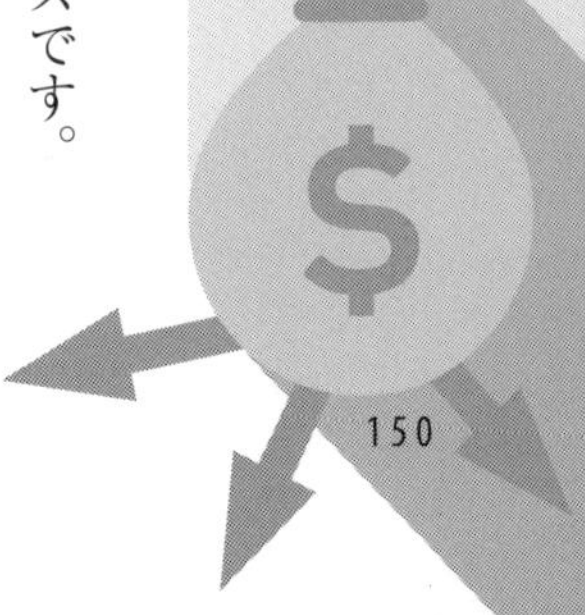

ＦＸや株式といった、実働をまったく伴わない、相場で儲ける系のビジネスです。

これは〝投資〟というより〝投機〟という感じになってきます。バイナリーオプションなんてまさに丁半博打ですし、当たれば大きいけど元手があっという間にゼロになったりする、ハイリスク・ハイリターンの投資が多い。ただ、それも組み込み方によっては、うまくお金を増やしていく手段になります。

8　バイナリーオプション

バイナリーオプションは外国通貨取り引きの一種で、初心者でもゲーム感覚で気軽に始めやすいので人気があります。

仕組みはすごく単純で、円なりドルなりの通貨の相場が、一定時間のあとに上がっているか下がっているかを当てる。それだけです。

たとえば今の瞬間のドル円相場が１ドル＝１００円だとすると、その１分後の相場が１

00円より上がっているか下がっているかに賭ける。**当たれば掛け金が1・8倍になり、外れればゼロ。**ゲームというより、ほとんど丁半博打ですね。

もし10万円を賭けて、1分後に1ドル＝110円になった場合、「上」に賭けていれば、18万円が受け取れますが、「下」に賭けていた場合は10万円を失います。

これがFXの場合だと、10万円でドルを買うと1000ドルで、1分後にその1000ドルを売ると11万円になって、1万円儲かったということになりますから、少額でやるなら効率の良い投資と言えるかもしれません。もちろん外れたらゼロになってしまうので、その分リスクも大きいのですが……。

僕もこのバイナリーオプションを実際にやったことがあります。2015年、海外の口座に30万円入れて、2ヵ月くらいで100万円になりました。といっても、実際にやっていたのは僕の奥さんでした（笑）。

では、妻の何がすごいのかというと、彼女も外貨取引なんて素人です。全部ソフトのおかげです。当時、評判のよかったソフトがあって、30万円くらいしたものの、エビデンスも見せてもらって、それを素直に真に受けて購入し、始めてみました。

そのソフトは、過去の統計から「ここでこっちにベットすれば勝つよ」というタイミングを、ピコーンと鳴って教えてくれるんです。それに従ってエントリーするだけなので簡単なのですが、鳴ったらすかさずエントリーしないといけない。出先にいたりしてできないことも多いので、奥さんにやってもらっていたのです。ただ、奥さんが妊娠して、手が止まって、今はやってないのですが……。

そのソフトが「当たり」だったということで、運も良かったかもしれません。自分で相場を見てやるというのは、やめたほうがいいと思います。というのも、FXでも株でも金融系は総じて、熱くなったらダメです。**勝っても負けても、ルール通りやれるかが大事で、掛け金を上げたり下げたりするのは破滅への道**です。

取引口座に入れている残高の20分の1以下でやるのが推奨されているルールで、20万円入れたら1万円以下、30万円なら1万5000円以下でやっていく感じです。たとえば1万円賭けて負けて、もう1万円賭けて負けたとすると、2万円マイナスになります。そこで3回目で取り返したくて2万円とかやってしまってはいけない。もちろん勝てばいいですけど、万が一3連敗するとマイナス4万円になってしまう。それを取り戻そうとして、次は4万円とか5万円とか、どんどん危ない取引になっていくんです。

勝てば1・8倍、負ければゼロなので、数字上は57%以上勝てばプラスなんです。5回に2回負けたって、基本的に6割は勝てるソフトであれば、何ら問題はないわけです。だから目先のことに一喜一憂せず、勝とうが負けようが1万円というのは崩さない。そうやってルール通りやっていくと、基本的にはきちんと勝っていきます。

そこのマインドができていないと、金融系の勝負はうまくいきません。

意外と女性のほうが、そういうルールを守れるように思います。男のほうが、熱くなって負けるパターンが多いです。妻にやらせたのは、結果的に良かったと思います。

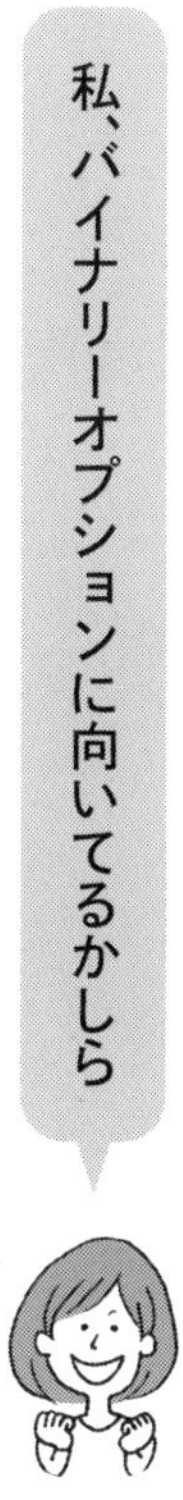

もし自分でいろいろ勉強して、自分の相場勘でやってしまうと、熱くなってしまって失敗するか、日和ってしまって大した儲けを出せなかったと思います。やっぱり何か信頼できる情報リソースに頼って、あとはロボットのように淡々とやれる人が勝つ。それが、バイナリーオプションで成功する秘訣です。
また、ソフトの通りにやるといっても、あくまで自己責任なのと、毎月キャッシュフローが出ている状態で、余剰資金でやるというのが前提なのは言うまでもありません。その上で、1つのキャッシュポイントとしてやってみるくらいがちょうど良い。ほとんどギャンブルなので中毒性があるので、**お金に余裕がなくて精神的に安定していない状況でやると、絶対にうまくいきません。**そこは肝に銘じておいてください。

9　FX自動売買

これもバイナリーオプションと同様に、ソフトを購入して、その通りにFX取り引きをしてお金を増やす方法です。バイナリーオプションのほうはソフトに従って手動でエントリーしないといけませんが、これは**自動売買という名前の通り、ほったらかしでも勝手に運用**してくれます。

不動産投資にしても自動課金系は、仕組み作りの段階や軌道に乗るまでは自分で動かなくてはなりませんが、これはせいぜい取り引き口座に入れる額を決めるのと、止める判断以外は、自分の裁量は一切利きません。金融系は熱くなってはダメと言いましたが、これならその心配はありません。何十万円かかけてソフトを買って、50万円くらい口座に入れて始めていく感じになります。

これはもう、成功するかどうかは、儲かるソフトを見つけられるかどうかに尽きます。「FX　自動売買」で検索すると、いろいろと情報が出てくるでしょう。そのソフトの過去の実績をよくよく調べて、また口コミでも情報を集めることが大事です。ここ最近もすごく稼げている投資家さんから教えてもらって、実際に始めてみたソフトがあります。それは月利5％くらいで運用できています。

また、自動売買と仕組みは違いますが、「PAMM」という超一流のトレーダーのトレードをそのまま反映して自分の口座で取り引きしていくシステムもあります。世界のトップ5で結果を出し続けているトレーダーのトレード内容を反映するシステムもあって、これも今度やろうと思っています。もちろん、どれだけお金を出してそのシステムに乗っかるにしても、当然ながら自己責任で、失敗してもそのトレーダーさんの責任になるわけではありません。

これらもバイナリーオプション同様、すでに不動産投資でキャシュフローが十分に出ていて、その余剰資金でやっていくことと、繰り返しになりますが自己責任というのを理解した上でやるべきです。自分の裁量でやるわけではない、イケイケなアグレッシブ系の投資ですから、万が一溶けてもいい（なくしてもいい）お金でやりましょう。なけなしのお金を入れるようなものではありません。

基本的には運にも左右される、〝投資〟というより〝投機〟に近いビジネスです。

コワい人はこの金融系はやらなくてもいいでしょう

不動産投資は、軌道に乗るまではスリリングですが、稼げるようになってくるとビジネスとしては物足りないでしょう。そういう刺激を求める人にはFX自動売買をお勧めします。

23 自分が教える側になる「ノウハウ情報発信系」

自分が稼いできたノウハウを、メールマガジンやセミナーで人に伝えることでキャッシュポイントを作るビジネスです。ここまでのビジネスでは、お金を出して儲け方のノウハウや仕組みを教えてもらって実践してきたわけです。

今度は自分がお金をもらって教える側に回りましょう！

前段階として、人がお金を出してでもそのノウハウを知りたくなるくらい稼げるようにならないといけません。あくまでもコンテンツがいいという大前提があるものの、かかるコストがすごく少ないし、収益性が半端なく高いのでお勧めです。といっても、これからお金儲けをしようという段階の人にはなかなかピンとこないでしょう。ですので、ここから先は、**「儲けていくとそういうこともできるようになるんだな」くらいの気持ち**で読んでいってもらえればと思います。

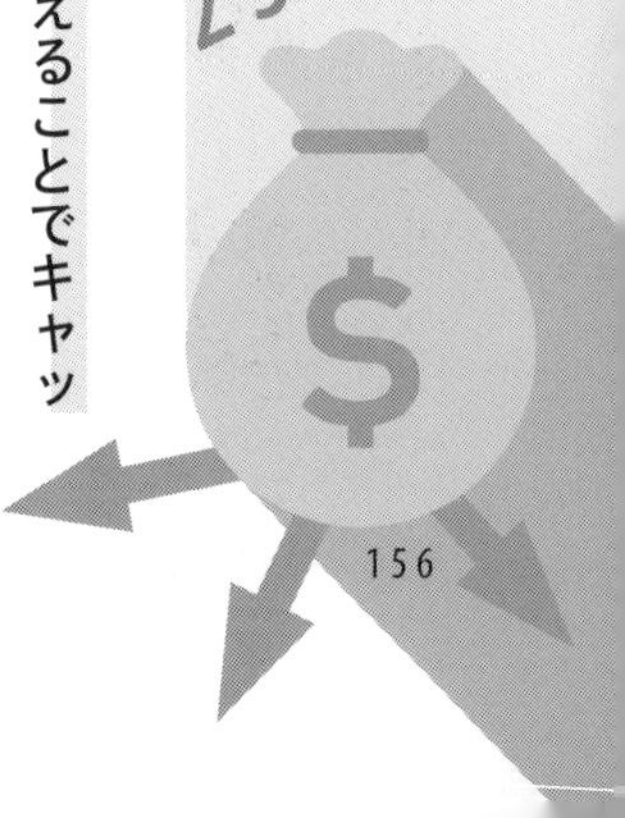

10 ブログ、メールマガジン

僕の場合は、２０１２年に新築アパートを建てている最中に、不動産投資実践記みたいな感じのブログを書き始めました。そのときは、それでお金儲けをしようとはっきり意識していたわけではなくて、自分が情報を発信することで仲間が増えて、逆に情報が集まってくればいいくらいの気持ちでした。

その後、カメラ転売の塾に入ってノウハウを教わって、自分でも実践して利益が出るようになったときに、その塾長から「不動産と物販の両方でこれだけ儲けているんだから、あなたはメルマガをやったほうがいいよ。それで稼げるよ」と勧められました。これが目からウロコというか、「ああ、伝える側に回ってお金を稼ぐという道もあるんだな」と思い、それがメールマガジンを始めたきっかけでした。

ここで注意しなければいけないのは、**メールマガジンはあくまで人を呼び込む入り口であって、メールマガジンの講読料で儲けるわけではない**ということです。

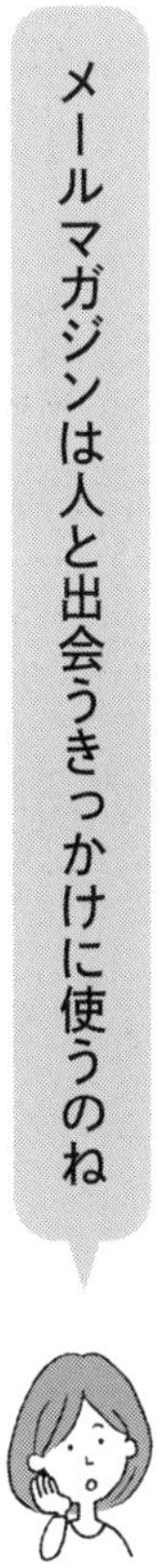
メールマガジンは人と出会うきっかけに使うのね

有料メールマガジンの場合、だいたい週に２～３回発行して、客単価が定期購読者１人

につき月額300~800円くらい。一説には、無料メールマガジンの読者のうち、有料メールマガジンに流れる読者は1割程度と言われていて、僕の無料メールマガジンの登録者は1万2000人ですから、月に40万円くらい儲かる計算にはなります。でもトレンドアフィリ（146ページ）のように時事ネタを分析して斬っていくならともかく、毎回それなりにお金儲けのノウハウを入れていくとなると、コンテンツを作るのが難しすぎます。そのために取材をしたり、書ける人を雇ったりしないとコンテンツ作りも追いつかないでしょう。大前研一さんや堀江貴文さんのようなファンの多い文化人であれば素晴らしいビジネスになると思いますが、そのレベルにない人にとっては、あまりうまい商売ではないという気がします。

11 教材販売

メールマガジンはあくまで入口として、**情報を求めている人を無料で集めて、その人たち向けに自分の稼ぐノウハウをまとめたDVDなどの教材を売る**という使い方がいいと思います。たとえば、メールマガジンを登録してくれる人が月に100名だったとして、ステップメールという仕組みを使って自動的に毎日メールマガジンを送り、稼げるノウハウをまとめた2万円くらいの教材を提案し、月に平均10本くらい売れるというイメージです。

教材やセールスページを作るのには業者さんを入れて数十万円くらいはかかりますが、1回作ってしまえば複製するのにあまりコストはかかりません。

　先の例ですと、最初にかかった原価を気にしないとすれば、だいたい月に20万円くらいの収入になります。教材のセールスが終わったら、購入してくれた方も購入しなかった方も通常のメールマガジンに合流させて、日々の発信を読んでもらえる形にするのです。

　ブログとメールマガジンは連動していて、ブログで人を集めて、メールマガジンに誘導して、そこからさらにビジネスへと発展させるという流れです。ですからブログは早めに始めて、直接にはお金にならなくても頑張って書き続けたほうがいいでしょう。

　たとえば「新米大家奮闘記」みたいな感じでけっこうです。ただしブログのテーマやノウハウ、コンテンツが本物で、しっかり収益を上げて規模を拡大していけるという前提が必要ですが、1年間発信できたらかなりすごいことです。

そうして2年目にセミナーをやれば聞きに来る人は必ずいます！

12 セミナー

僕の場合もそうでしたが、2年目くらいから「相談に乗ってください」「セミナーでお話ししてもらえませんか？」といった話が舞い込んでくるようになりました。最初は「僕なんかでいいのかな？」という気持ちでしたが、実際にセミナー会場に行くと、聞きに来てくれた人が結構いてびっくりすると同時にありがたかったです。

最初は数万円、下手すると交通費込み日当1万円といった講師料だったのですが、僕が年収を増やしていくのとリンクして講師料は上がっていき、5万、10万円といただけるようになっていきました。今は物販はやっていないので、実労働として一番時間を割いているのはこのセミナー講師になります。年に150回くらいどこかでお話ししていますから、それだけで年間1000万円くらいの収入になります。資料を作るなどの手間はありますが、自分の体験からお話しするだけなので、元手は一切かかりません。それでお金までいただけて人前で話す快感も得られますし、こんなにいい商売はありません（笑）。

セミナーの参加者の中にも教材やサービスを買ってくれる人もいますし、**積極的に情報を発信して、人を集めると、それがお金を生んでいきます。**「そんなの自分には無理だ」なんて思う方もいるかもしれませんが、いざやってみると実は簡単です。

月に10万円稼ぐ方法を知りたい人は、世の中には本当にたくさんいます。「まだ月に10

万円しか稼いでないから、情報発信なんて早いですよね」なんて、尻込みする必要はまったくありません。それは自分で自分にマインドブロックをかけているだけです。

提供するノウハウや情報が〝本物〟であるという大前提がありますが、月10万円を稼ぐノウハウを教えられる人は、それだけで月１００万円は余裕で稼げます。ですから、やらないともったいないのです。

まずはブログから始めてみませんか？

24 情報発信系の延長にある「会員制ビジネス」

情報発信系の延長として、コンサルタントやスクール、さらには会員制ビジネス販売というチャンネルも開けてきます。

ブログやメールマガジン、セミナーは不特定多数を相手にしますし、それが実際にお金を生むかどうかというのは（セミナーの講師料を除けば）不確実です。ここでは、ブログやメルマガなどを入口に、さらに発展的なビジネスについて説明していきます。

13 コンサルティング

コンサルティングは、クライアントの悩み（お金、美容、恋愛など）の相談に乗って、アドバイスしたり、時には問題を解決したりして、クライアントに儲けていただくことでお金が生まれます。時間は取られますが、労働の実感がありますし、クライアントには感謝されますから、とてもやりがいのある仕事です。

僕の場合はブログを始めて半年くらいして、「僕も不動産投資を始めたいんですけど」

といった相談を受けるようになり、物件を買う手伝いを始めるようになったのです。最初はそれでお金をもらおうなどとは思っていなくて、単に相談を受けてアドバイスするくらいの状況でしたが、相談者の数が増えてきたので、2年目からは本格的に、お金をいただいてコンサルティングをするようになっていきました。

一棟買えるまで手取り足取り指導したり、区分マンションをやりたい人向けに有利なローンを紹介したり、いろいろな相談に乗っています。「月にキャッシュフロー10万円稼ぐ仕組みを作るところまで面倒見ます」というやり方もあります。

たとえば、月に10万円を稼げるようになるコンサルティングを「19万8000円でやります」とセミナーで提案すれば、参加者が10人いればそのうちの3、4人が申し込んでくれて、60万円や80万円稼ぐことができます。

14 塾やスクール、コミュニティ

「月10万円を稼ぐノウハウを教えられる人は、それだけで月100万円は余裕で稼げる」

というのは、本当です。そうなってくると、マンツーマンでコンサルティングをするより、塾やスクールという形で生徒を募集して教えるというのも効率がいいでしょう。

それがさらに発展すると、先生と生徒という形ではなく、コミュニティや会員制ビジネスといった可能性まで開けていくでしょう。
たとえば121ページで紹介した民泊のクラブがそうです。2015年の年末から始め、それだけで何千万円と稼げることになります。

でも、僕が新しいビジネスを始めるなんて……

ここまで行くと、読者のみなさんにはちょっと現実味が感じられないでしょうか？ 確かに、新しいビジネスを創造するというのはアイデアと実行力が必要になりますから、誰にでもできることではないかもしれません。

ただ、僕も2009年前まではただの平凡なサラリーマンでしたし、会社員以外で稼いでいく自信もありませんでした。それが**段階を踏んでお金を稼げるようになっていき、マインドセットが起こり、ビジネスを拡大して、過去の自分では考えられない仕事や収入に結び付いていく**ようになったのです。

ですから、「そこを目指しましょう」とまでは言いませんが、**小さな勇気を持ってコツコツ行動していくことで、行き着く先にはそういう世界が開けています。**みなさんには、ぜひ夢を持ってチャレンジしていってほしいと思います。

step 3

ファイナルステップ、無敵のお金の増やし方

25 最後は「権利収入」を増やして磐石に

この章では、さらに上級編として、さまざまな権利収入ビジネスを取り上げます。不動産投資が最初のステージ、そして収入を複線化していくのが次のステージ。そうして生まれたキャッシュフローと余剰資金を、権利収入ビジネスに投入して増やしていくというのが、この最後のステージになります。

権利収入なので、どれも自分がほとんど労働しないで、お金が課金され増えていく仕組みです。一日一日では大した金額でなくても、数年単位で見るとものすごくインパクトが出てきます。**資金力が備わり、マインドが強くなってきた人ほど、この権利収入をうまく使って資産形成を加速させていく**ものです。

ここで紹介するのはハイリスク・ハイリターンな投資もあり、マインドブロックがある程度取り払われていないとやれないものが多いのですが、心のブロックはこのステージまで来る過程で、解除されていることでしょう。また、ある程度の金額をまとめて置いておくといった案件も多いので、そうした資金的な壁もその前のプロセスである程度解決しているという前提があります。

イメージとしては、500万円くらい余剰資金がある人が100万円、200万円くらいでやってみるという感じです。何千万円かある人なら、500万円をいくつかに分けてみたり、確信が持てれば1000万円くらいをどこかに置いてみたり、それは投資家それぞれの判断です。**ポイントとしては、間違っても全財産を投入などはしないことと、1つの案件に依存しないで分散していくこと**です。一極集中にならずに、収入の柱をいくつも作ることができれば、どれかが減ったり収入が途絶えてしまったりしても、ほかの収入が支える形を取れます。

不動産投資でエリアを分散したり、建物の種類を分散したりするのと同じで、収入の柱を複数に分けて、どこからでも月に5万円や10万円が入ってくるのが理想です。そういったものが5個もあれば、月30万円とか40万円の収入になってきます。それは不動産投資で1億円や2億円買っているときのキャッシュフローと同じです。ですから、何十億円を動かして不動産を買うよりも、こういう権利収入を増やしていったほうが、キャッシュフローが増える加速度も増しますし、リスクも低く、再現性もあるのでお勧めです。

26 太陽光よりも高利回り、次世代の「バイオマス発電」

124ページで太陽光発電を取り上げましたが、太陽光発電はすでにピークを過ぎた感があるというのは述べた通りです。次世代の発電として、僕が今ちょっとおもしろいと思っているのが、バイオマス発電です。

これは同じく発電して電力会社に買い取ってもらうスキームなのですが、植物資源の再生エネルギーを使って発電するのが特徴です。エコ時代らしい発電方法です。僕がここ1年くらいやっているのは、パーム油というアブラヤシの果実から取れる油でディーゼルエンジンを回して発電する方式です。

このバイオマス発電があまり普及していない理由は、投資案件になるほどには発電効率が良くなかったからです。でも技術革新によって、今まで70％くらいの燃焼効率だったところを、特殊な独自技術の他に油に水を一定の割合で混ぜることで、99・9％とほぼ完全に燃焼させる技術が確立しました。それでパフォーマンスが約30％向上するのと、水が気化する際に体積が約4000倍増えるため、ピストンを押し下げて発電がまた加速するという点を含めて、**太陽光発電の4倍くらいに発電パフォーマンスが高くなった**わけです。

太陽光発電の利回りが年に10～11％なのに比べ、バイオマス発電は40～45％もあります。ただし、利益の中から保険代（たとえば発電所に津波が来てエンジンが破損してしまった場合）や、事業者の利益、維持費や固定費なども差し引かれますので、**実質は年利回り換算で14～15％くらいが事業参加者への利益還元**になります。

これも太陽光発電と同様、20年間同じ価格で買い取ることを国が保証しているのが魅力です。つまり**20年ずっと権利収入が続く案件**なので、そういうところにお金を一部置いておくのも悪くないと思います。大きく儲かるわけではないですが、**100万円を投資すれば、毎月1万円強が確実に入ってきます。**参入するには100万円からで、1000万円以上投資する人は利益還元率15％と優遇されます。

ただし弱点は、発電所を建てるのに1年から1年半くらいかかるので、その間は資金が寝ているという点です。でも事業が始まれば20年間は安定して、利回り14％が見込めます。

27 「私募債」でベンチャー企業へ出資する

企業を立ち上げるときや、できて間もない企業が、１億円未満の少額の出資者を50人未満集めて資金調達する方法があります。これを「私募債」といいますが、そういうものにお金を預ける投資です。

僕は年収が５０００万円を超えた２０１４年に、タワーマンションに引っ越し、そこでご近所になった経営者からそういう案件をもらいました。これは余談ですが、住む場所のステージが上がると、出会う人も変わってくるというおもしろい現象があります。

たとえば１００万円、２００万円くらい置いておくと元本保証で月１・５％や２％配当が出るといった話で、年利回りにして18〜24％と、なかなかいい権利収入になります。もちろん投資している会社が倒産してしまうと元本を失うリスクはありますから、話を持ってきた人の人となりや収入、日々どんなビジネスをしているか、そして何より立ち上げる企業のビジネスモデルを見て、信頼できるかどうかを吟味して決断しなければなりません。

こういうものは**単発で、期間は半年から1年といった案件が多くて、月々配当を受け**

取って、終わったら元金が返ってくるというイメージです。

僕がついこの間までやっていたのは、ヨーロッパのある高級車メーカーのアパレルブランドの日本支店の運営会社に出資をするという案件です。サングラスや腕時計、ワインなどを仕入れて国内のセレクトショップに卸すにあたり、その仕入れに2000万円ほど必要なので出資者を探しているとのことでした。これが100万円からで、月2%の配当を出すという案件です。

すごく有名なメーカーなので安心感があって、話をいただいたら何回も出資をしています。お金を預けて、返ってきて、また預けて返ってくるという感じです。年利24%というのは不動産ではなかなか出ない利回りなので、そういったものを余剰資金の一部でやっていくという形です。

今新たに出資しようと思っているのは、ゲームやモバイルコンテンツで有名な大手ブランドからライセンスを取得して、グッズを作って海外に売るという案件です。そのブランドのコンテンツは海外でもすごく人気があって、シリーズものが出るたびにキャラクターが新しくなるので、その都度マグカップとかスマホケース、キーホルダーなど、作っては売れていきます。そういう会社でも、意外と資金需要があります。

それなりにしっかり展開している会社でも、「もっと資金があればもっと大きく展開できるのに」とジレンマを抱えていることもあります。われわれ投資家からすれば月2%や3%という配当は大きいのですが、彼らからすれば「え？　たった2~3%の配当でいいの？」という感覚のようです。それで、「では出資してくれませんか？　元本保証はするので」といった話になります。最近はそういう投資がおもしろくて、話があれば協力することが多いのです。

こういう案件というのは、普通にサラリーマンをしていても話が回ってくるものではないでしょう。

あっても怪しくてなかなか手が出せないかも……

僕も、話を持ってきたのが信頼できる人だったのと、手元に余剰資金があったのでやりました。

もちろん、**キャッシュフローを作る仕組みを構築できていない人が、なけなしの金でやるものではない**というのは言うまでもありません。

28 意外に低リスク！「物販代行業者」に出資する

僕が以前、カメラ転売をやっていたことは、ここまで何度も触れてきました。今はやっていないのは、物販は時間と労力がかかるのと、ほかのビジネスをやっているほうが楽しいからです。

ただ、まったく物販で儲けていないわけではありません。物販というのはノウハウにしっかり則ってやれば儲かる、手堅いビジネスであることは僕自身がよく知っていますから、きちんと稼げる人や会社に資金を貸し付けて、そこから配当を得るという関わり方をしています。

物販というのは、仕入れて売ってとやっていると、入金の前に仕入れのタイミングが来たりして、あまり余裕がないという現象が結構起きてくるのです。売れているから帳簿上は儲かっているのですが、実際は毎月仕入れているので手金がそんなに一気には増えないというジレンマです。

不動産投資をやっている人が、毎月キャッシュフローを安定して作ったあとに物販をやると結果が出しやすいというのは、資金ショートのストレスがないからです。仕入れようと思ったらバッと仕入れられますし、資金繰りが苦しくなることもありません。でも物販だけをひとりでやっている人、もっと言えば社員を抱えて物販をやっている人たちですら、「資金がもっとたくさんあれば、もっと儲けられるのに」というジレンマを抱えているものです。

そこで、物販できちんと稼げるスキームを作っている人や会社に、**「資金を出しますから、その代わりに出た利益の1割をください」といった話を持っていく**わけです。

たとえば月商1000万円くらいを売る人や会社に、資金を300万円渡してあげるとしましょう。彼らはその300万円を1ヵ月に3回転（3回の仕入れに活用）させたとすると、月商900万円になります。この場合、月商900万円で利益率17％（物販の利益率は15％前後）として、150万円の利益が出たとします。僕の取り分が1割ですから、何もしなくても月に15万円ほどを権利収入で儲けることができるわけです。これは月利回り5％、年利回りで60％にもなります。

代行するほうにしても、僕の資金のおかげで135万円ほどを余計に儲けることができたわけですから、悪い取り引きではありません。お互いにWIN‐WINのビジネスです。

特に個人で物販をやっている場合は、本当に「50万円でもあればありがたい」というケースもあります。利益率15％どころか、20％くらい出す猛者もいますので、「月利回り3％くらいなら余裕で配当を出します」とサラッと言ってくる人もいます。

なぜ物販代行業者への出資は低リスクなのか

この投資のいいところは、**実物を取り扱うビジネスなのでリスクが低い**ところです。FXや先物取引などと違って、**物販で倒産して経営者が夜逃げをしたというケースはほとんどありません。**家庭の事情や、僕のようにほかのビジネスが忙しくて撤退することはあるでしょうけれども、失敗して辞めてしまったという話は、僕は聞いたことがありません。

もちろん、その人や会社が計画倒産したり、資金を持ち逃げしたりするというリスクもありますが、逆に言えばそこのリスクだけきちんと押さえておけば、物販で権利収入を得るのはお勧めです。

物販で稼ぎたいという人はたくさんいて、実践している人も多いですが、**物販で仕組みを作って自分で権利収入を取りたいという人はあまりいません。**だからこそ儲けやすいので、僕は結構、力を入れてやっています。

でも、どうやったら物販で稼ぎたい人と知り合えるの？

僕の場合は物販の塾に入って、同じ塾生からの情報や、自分が情報発信をしていく過程でたどり着いた人脈から、「仕組み」を作り上げることができました。もし同じようにやりたいという人がいれば、僕に相談してもらうのが手っ取り早いですが（自分でやるかどうかはともかく）、物販の塾に入ったり、物販をやっていたりする人たちと多く知り合っていけば、こうした稼ぎ方も構築できてくると思います。

さらに手堅い「物販の権利収入」

そして、「物販代行業者への出資」よりもさらに手堅いバージョンとして、**「物販の権利収入」**というものを僕は手掛けています。これは、借用書を作って「月２％で元本保証します」と約束してもらい、業者側は何％の利益を出そうが絶対に２％払うというものです。ちょっと手取りは減りますが、年利24％固定の元本保証案件を作って、そこに出資するという仕組みです。

みなさんは無在庫転売ビジネスが流行っているのをご存じですか？

無在庫転売ビジネスって何？

在庫は持っていなくて、買い注文が入ったらよそから買ってくるというビジネスです。その無在庫転売で月商1億円くらいを売り上げている安定した会社に出資して、毎月、「出資金の2％」ほどの配当を得る仕組みを構築しています。

たとえばアマゾンで2000円で売られているものを、ヤフーショッピングから2400円で買ってしまう人は、世の中にたくさんいます。400円の差額を気にしなかったり、単純に検索スキルが低かったり、ヤフーでポイントを集めるためだったり、高くても買う理由はさまざまでしょう。

そこで、アマゾンの商品情報を抽出して、著作権に引っかかるものだけをはじいて、転載可の商品だけヤフーショッピングのページに割高な価格でも掲載すると、それでも売れてしまうことがあります（ただし、売れた商品をアマゾンからお客さんに直送することは禁止されているので一度仕入れて、再梱包して発送するわけですが）。そして、それをビジネスにしている年商10億円規模の会社においても、実は資金需要があります。「資金が2倍3倍あれば、今よりもっとたくさん出品できるのに……」というジレンマを抱えているのです（無在庫転売とはいえ、購入者からの入金にはタイムラグがあり、商品を購入するために立て替える必要があります)。

それで、僕のような投資家に「マサさん、元本保証するので出資してくれませんか?」といった話が持ちかけられるのです。

彼らにしてみれば、無在庫転売なのでリスクは少ないですし、少なくとも月利15%は出せる確信と実績があるので「出資金の2%は絶対に払います」というわけです。

もちろんリスクはゼロではないものの、たとえば**1000万円を出資できる人であれば、毎月20万円の配当**が得られます。不動産投資でキャッシュフローを月に20万円作ろうとすると、今は8000万円や1億円ほど借り入れしないと難しいのに対し、1000万円を出資できる人はそれだけで同じキャッシュフローが得られます。

この物販権利収入は、**出資額100万円からが多く、ある程度の規模の企業とのコラボレーションなので倒産リスクは低く、しかも元本保証**をしています。

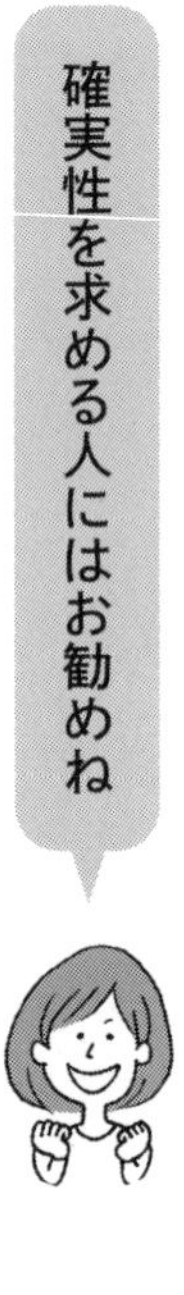

Column 1

売主と買主が決まっている「飲食店のM&A」に出資

前ページで紹介した、無在庫転売の仕組みに出資するのと似たスキームで、飲食店のM&A案件に出資するという案件もあります。

共通するのは、**売主と買主が決まった状態で出資できる**という点です。たとえば、飲食店オーナーが店舗を撤退するにあたって、店ごと売却したいとします。そして、その情報をキャッチしたコンサルティング会社が、そのお店に新たに開業したいオーナーを見つけてきます。

すると、売主になる元オーナーから300万円で店舗を買い取って、新たにオーナーである買主に400万円で売却するビジネスが成り立ちます。こういった案件を毎月何件も取り扱っているコンサルティング会社があり、そこに資金需要が生まれてくるわけです。

「この売主とこの買主さんがいてこんな案件がありますが、出資しますか?」と、投資家に声がかかり、店舗の規模により100万～500万円ほど出資します。

この案件の特徴は、店舗を仕入れて売却するまでの期間が短く、およそ3ヵ月で取り引きが完了する点です。つまり、**出資したお金は3カ月間運用されて、出資した金額に利子を付けて償還**してくれる仕組みです。コンサルティング会社は転売益をしっかり確保できる案件（利益率20%以上）しか取り扱わないので、投資家への配当は3ヵ月で3～5%ほど付けてくれます。

・ほかの投資案件と比べて出資したお金の回転が早い
・売主と買主が決まった状態で投資家に話がくるのでリスクが低い
・年利換算で12～20%の利回りになる

こういった点が魅力です。権利収入を構築する有効な手段の1つとしては非常におもしろいスキームでしょう。

29

タックスヘイブンでの高利回りの運用法「オフショア」

オフショアというのは、タックスヘイブン（租税回避地）と呼ばれる、国外からの収入に課税しないか、非常に低税率の国や地域にお金をプールして、高利回りで運用するという仕組みです。

みなさんは、**日本の「カントリーリスク」**という言葉を聞いたことはありませんか？いずれ国の借り入れが純資産に追いついて、日本の国債が破綻するかもしれないという危機論です。僕は、日本は破綻しないと考えているものの、本当に万が一を考えると、日本円だけで稼ぐリスクというのも確かにあるとは思います。僕がこの本で今まで紹介してきたやり方だと、不動産投資をはじめとして、ほとんど日本円しか稼げません。

リスク分散のために収入の複線化をしているわけで、やはり外貨を稼ぐ仕組みというのも持っておくに越したことはありません。こういうことは、普通にサラリーマンをやっている人にはなかなかピンとこない話ですが、不動産投資やビジネスを副業である程度やっていると、お金に対するリテラシー（知識・能力）も上がって、何となく「外貨も持っておかなくては」「海外口座も持っておかなくては」ということで、このオフショアをやる人が増えています。

これは、海外の保険会社にお金を毎月プールして、良いときで年利10％くらい、悪いときは年利1～2％ではあるものの、平均して年利6～7％で保険会社が運用してくれるものです。それが**20年や25年満期で、しかも複利で増えていくので、満期になったときに積み立てていたお金がドーンと2倍、3倍になって資産を増やすことができます**（1000万円を年利5％で複利運用すると、20年後には約2653万円になります）。

不動産投資家の間でも、キャッシュフローの一部をオフショアで組み立てるというのがかなり流行っています。「キャッシュフローが日本円で貯まってきているのだけど、どこかいい投資先はないか」ということで、海外の保険会社に毎月5万円や10万円を積み立てる感覚でプールできます。だいたい米ドルか香港ドルでやるケースが多いです。

これは仮にお金が増えなくても、日本円よりも外貨を持つこと自体に意味があります。

30 富裕層へのお金の貸し付け「カジノ投資」

これはいよいよビジネスとして怪しすぎるのですが（笑）、オフショアの流れで紹介しておきます。「そんな投資もあるんだな」くらいの気持ちで読んでみてください。

オフショアで日本から毎月5万円や10万円の積み立てをしていると、出費のストレスが多少かかってきます。ところがこれは、そういったストレスを解消する海外金融投資です。

僕は、基本的にギャンブルはしないのですが、毎年、マカオのカジノにちょっとだけ非日常感を味わいに出かけています。中でもバカラという丁か半かみたいな「当たれば2倍、外れればゼロ」というゲームをやることが多いのですが、それに溺れる億万長者がいるのです。

僕などは1ベット（1回の賭け金）が1万円とか5万円、せいぜい頑張っても10万円くらいでやっているわけですが、ＶＩＰルームにいる超富裕層は違います。そこにいる99％は中国人のずば抜けた富裕層で、数千億円持っている人たちが、2億円とか5億円のポケットマネーで遊ぶので、もう余裕で1ベットが１００万円とか５００万円の勝負です。

さて、その富裕層がバカラにハマって、手持ちの金を全部スッてしまったとします。そこでやめればいいものを、なにせお金は唸るほど持っていますし、完全に熱くなっていますから、今すぐ取り返したい。そのために用意されているのが**「コインリース」**という商売です。リース会社が富裕層に貸し付けるのです。

そして、そのリース会社に出資することで毎月安定した配当を外貨で受け取れる仕組みがあります。その**配当をさらにタックスヘイブンの保険会社にプールすると、それが複利で運用**されていく仕組みです。そうすると、一度だけ現金を預けておけば、自分の日本のキャッシュは減らずにオフショアで外貨を積み立てられるのです。

外貨が稼げて増えていくという仕組みなので、**日本円である程度の余剰資産を作れて、500万円くらいをポンと出しても影響のないステージの人向けの投資**です。

資産形成上とても効果的ですし、リスクヘッジの面から言ってもお勧めです。

コインリース+オフショアによる投資です

31 資金を必要としている人に出資する「クラウドファンディング」

クラウドファンディングというのは、個人など小規模な投資家と、資金を必要としている中小企業をマッチングさせるインターネット上のサービスです。「ソーシャルレンディング」とも呼ばれています。

企業の資金調達というのは通常、銀行や信用金庫などから行いますが、思うように資金調達ができないことも多々あります。たとえば新たに設備投資したい会社や、マンションなど不動産開発をしたい会社、何か新規事業を立ち上げたい会社などが、「急ぎで3000万円を借りたい」「銀行で融資枠を使い切っているもののもう1000万円を借りたい」など、いろいろな理由で資金を必要としているのです。

それをマッチングサイトが審査して、取りっぱぐれないなと思ったら、それを案件化して、ウェブ上で投資家を集めるという仕組みです。

マッチングサイトの最大手は「ｍａｎｅｏ」（マネオ）というところで、ＨＰにアクセスすると、さまざまな企業の投資案件が閲覧できます。そこには金利８％、10％、12％などでも借りたいという案件が並んでいます。主に短期のプロジェクトが多くて、たとえば不動産の転売をやる売り主業者が、買い取って1年以内に売るから金利が高くても利益は取れたり、設備投資として5年くらいで償却する機械を買うお金を借りたかったりというケースがあります。

利回りは年利にすると5～8％の案件が多くて、毎月配当が出るので、国内の投資商品としてはかなり優秀です。だいたい半年や1年、長くても2年や3年以内に終わる案件が多く、**短期で投資して配当が出て、最後に元金が返ってくるという仕組み**です。

言ってしまえば銀行が貸さない案件ですから危なそうに見えますが、過去7年か8年にさかのぼって履歴を全部見ても、資金が回収できなかった案件はほとんどありません。なぜかというと、**不動産を担保にできないものはほとんど案件化していない**からです。もしくは太陽光発電（124ページ）のように国のお墨付きがあって取りっぱぐれない案件だけ

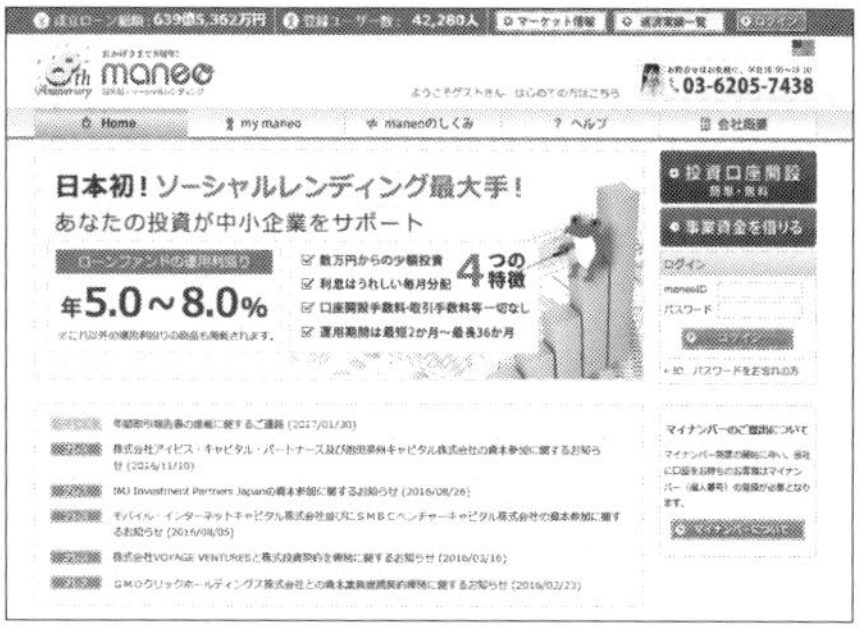

ソーシャルレンディング「maneo」（マネオ）
https://www.maneo.jp/

を投資対象にしているので、回収率が高いようです。強いて言えば、投資対象者への返済金の支払いが延滞したケースがあるようですが、それでもすべて保証内で返済されています。

利用にあたっては、インターネット上で口座を開設するだけで誰でも、個人でも法人でもできます。1口3万円や5万円から投資できるので、初心者でも気軽に、小さく始めてみて、毎月の権利収入を得るという経験を積んでみるのもいいでしょう。

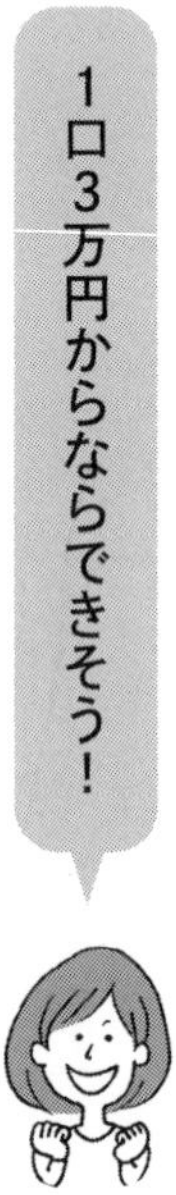

慣れている人は、何百万円から1000万円と入れられます。僕の知り合いですごい人は、何口かの案件に分けて総額1億円を出資しています。そうすると、年利回りが5〜8％なので、年収にたとえると500万〜900万円くらいに相当します。ですから1億円を預けられる人は、それだけでサラリーマンの平均年収以上を稼げてしまいます。

僕はその人にクラウドファンディングを教えてもらい、彼の「これだけで食えるんですよ」という言葉にあと押しされて、実際に始めてみました。僕は始めて2年くらいで数十万円から数百万円程度の案件に投資していますが、全然取りっぱぐれがなくて、全部きちんと配当をもらって回収しています。

今は「ｍａｎｅｏ」だけで６００億円くらいの融資が成立していて、投資家は４万人以上いるそうです。ただ、この情報をセミナーで毎月何十人にもシェアしても、知っている人は50人に１人くらいしかいません。これから徐々に伸びてくるサービスだと思いますが、国内投資でリスクが低くハードルも低くて始めやすいので、とてもお勧めの案件です。

32

実績のある会社に運用してもらう

先に１５４ページで「ＦＸ自動売買」を取り上げました。あれはソフトを使ってやるものですが、ここで紹介するのは、実在のトレーダーに運用してもらうという方法です。

といっても、個人が個人に資金を渡して運用してもらうのは違法行為（出資法違反）なので、たとえばＦＸですごい利益を出していたり、「日経２２５先物取引」でガッツリ稼いでいたりする会社（金融庁から許可を得ている）に出資したり、そこの会社の株主になったりする方法です。

そういう会社はどうやって調べればいい？

お金の運用に関するセミナーや集まり、キーパーソンがいる懇親会などへ積極的に参加して情報を収集したり、自分が情報発信者となることで情報が入ってくるようになります。

そうやってご縁を得た会社にお金を50万円単位で出資して運用してもらって、そのパフォーマンスの半分がもらえたり、出資して出来高で月に3〜10％の配当がもらえたりするイメージです。

もちろん元本保証はされませんし、かなりリスクは高いです。実際、僕もお金を溶かしてしまったことが何度もありますし、もともと詐欺の案件だったら、預けたお金が全部なくなってしまいます。ですから月収で数百万円稼げるレベルになるまではあまり**お勧めはしないのですが、1000万円を預けて月に30万円や100万円の配当が出たりします**から、自分の時間を1分も使わない権利収入になれば大きいのです。

自分で投資する先の会社や案件情報を確かめる

もしご自身でやろうとしたら、自分でしっかり情報を集めることが何より大事です。トレードの根拠をきちんと述べられるトレーダーなのか、毎日日報を上げているか、そういったことから始まって、過去5年くらいのトラックレコードを見て実績がちゃんと出ているかも調べて、現状の口座情報とかも開示してくれるようなところでないと、コワくてお金を預けられません。しかも、詐欺案件だとエビデンスを偽造してきたりしますから、その裏を取る必要もあります。

一番まずいのは、人の情報を信じて、「〇〇さんが言うなら大丈夫だろう」と、案件をあまり細かく見ないで預けてしまうパターン。僕自身も以前、信頼している人から、その人に悪気はなくて、「これいいんじゃない？」と教えてもらったものを鵜呑みにして預けたら、かなり大きく元本割れしてしまったことがあります。ですから自分で調べに調べて、大丈夫という確信が持てたら、自己責任でやることです。

ただ、それでも失敗はしてしまいます。僕の知り合いに、実績もありすごく優秀なトレーダーがいましたが、扱う金額が大きくなったら途端に実績を出せなくなってしまいました。少額でちまちまやっている分には優秀だった人が、金額が大きくなったことで、平常心が保てなくなり、自分のルール通りにトレードできなくなってしまったのでしょう。結果、大損してしまったというケースです。そういう案件もあるので、どんなに調べたとしても、やはりリスクは高めの投資です。

こういうハイリスク・ハイリターンの投資がコワい人は、絶対にやらないほうがいいです。あくまで自己責任が大前提なので、無理してやることはまったくありません。それでも、うまくいけば大きいですし、ある意味スリルも味わえますから、ある程度お金を増や

した人が最後のフェーズとして、寝かしておいても仕方がないし、なくしてもいい金額でチャレンジするにはいいかもしれません。まだ十分にお金を増やしていない段階の人はやめておいたほうが無難でしょう。失敗して、それを取り返すためにまたお金を突っ込んで……なんてことになったら目も当てられません。

Column 2

怪しい!?　でもスキームは素晴らしい「MLM」

正直、これは取り上げるかどうかすごく迷いました。
「ネットワークビジネス（別名 **MLM：マルチレベルマーケティング**）」は日本では敬遠されていますよね（「ニュースキン」とか「アムウェイ」とか……）。

ただし、**MLM は最高のスキーム**です。それは、アメリカのハーバード大学も認めるくらい世界的に認知されています。

僕もそのスキーム自体は魅力的で素晴らしいと思う一方で、これが自社製品を買わせる形になってくると、正直厳しいですね。サプリとか化粧品とか、電気製品系とか IT 系とかを、毎月買わせなきゃいけない。しかも超割高で……。でも、僕が推奨するのは、ノルマがなくて、消耗品でもなくて、在庫を抱えなくていいもの限定です。

実際に僕は今、上記の条件を満たすものを1つだけやっています。始めて1年ですでに月に50万円とか100万円の収入が得られるようになりました。不動産投資でそれだけのキャッシュフローを作るには、数億円は借り入れないとできません。でも、MLM の場合はすぐにそれだけの権利収入を生むことができるのです。また、不動産投資のようにローンを組む必要もありませんし、高額な初期投資も必要ないのが良いところです。

MLM を毛嫌いしているのは日本人くらいで、東南アジアなどでは市民権を得ています。『金持ち父さん貧乏父さん』の著者ロバート・キヨサキさんもその良さを認めているくらい、スキーム自体は素晴らしいものです。日本人もこれから取り入れていったほうがいいと、本気で思っています。ただし、**「ノルマがなく、消耗品系でなく、在庫を抱えないでも OK なサービスに限る」**ものであることは強調しておきます。

Set Mind

Epilogue

お金を増やせるかは「マインドセット」で決まる!

Mind Set 33

5つのステージ「稼ぐ」「貯める」「増やす」「守る」「継承する」

ここまでで、僕がどうやってお金を増やしてきたのか、そして今どうやって増やしていこうとしているか、その手法をお伝えしてきました。

みなさんがすぐにでもマネできるものから、マネするのが難しいものもあるかと思います。

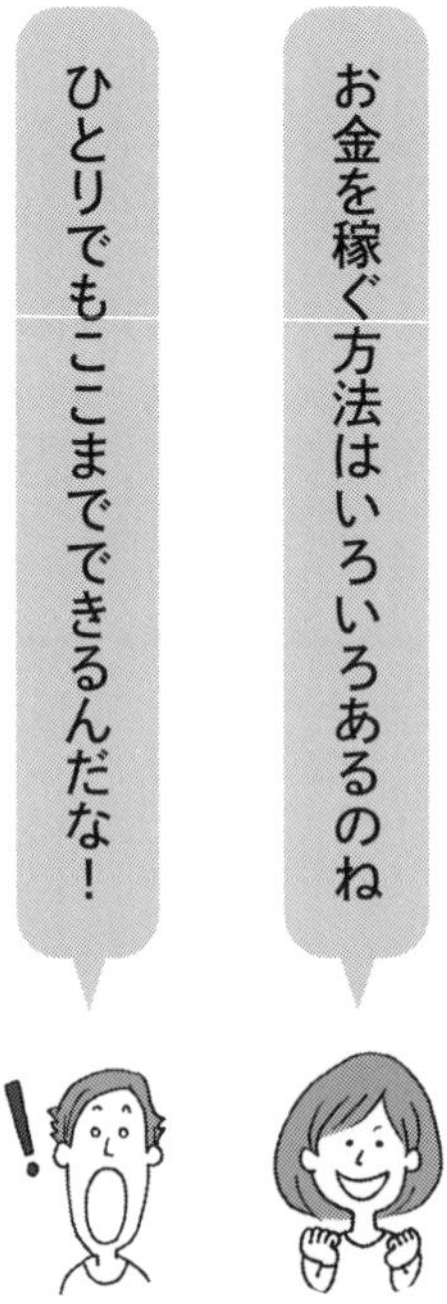
お金を稼ぐ方法はいろいろあるのね
ひとりでもここまでできるんだな！

そんなふうに思ってもらえれば、人生がちょっと楽しくなったり、前向きに生きる勇気が湧いてきたりするのではないでしょうか。

最後にこの章では、お金を増やしていく上で大切な考え方について、そして、今僕が考えていることについて書いていこうと思います。

みなさんは、お金というものには5つのステージがあることをご存知でしょうか？

①稼ぐ
②貯める
③増やす
④守る
⑤継承する

これらは、お金を守ることを考えている人、つまりお金持ちがよく使う言葉で、僕も最近になって意識するようになりました。

この本で紹介してきたビジネスのうち、物販やネットビジネス、コンサルタントといった労働系はまさに「稼ぐ」方法です。そうやって稼いだお金をさらに「増やす」方法として、各種の権利収入があります。タックスヘイブンで運用する「オフショア」（168ページ）などは、「増やす」役割もありますが、どちらかというと「守る」方法です。

不動産投資が優れているのは、ローンで始められるので、自己資金が少ない状態から「稼ぐ」のに向いていますし、不労所得によって「増やす」感覚で、さらには「守る」「継承する」という要素を兼ねている点です。その観点からも不動産はお勧めなわけですが、ただ、「守る」「継承する」という点では、固定資産税もかかりますし、建物の価値は年々落ちますし、相続税もかかりますから、少し弱いかもしれません。

「守る」「継承する」ならアンティークコイン

34

Mind Set

そこで、僕が少し前から始めているのがアンティークコインの収集です。

たとえば、神聖ローマ帝国の時代の〝ある3ヵ月の間に作られた何百枚かの貨幣〟があるとします。通貨としての価値自体はほとんどないのですが、これがオークションにかかると、ピカソの絵みたいなもので、平気で1000万円といった値が付くのです。しかも、再生産ができないので**値崩れしません。**それどころか時間が経てば経つほど、どんどん価値は上がっていきます。

これは資産保全にすごく向いている方法です。たとえば1000万円でコインを買って置いておいても、通貨の価値としては微妙だし、金の含有率も大したことはないので、持っていても税金がほとんどかかりません。

また、不動産、自動車、銀行預金、有価証券のように名義があるわけでも、金のようにシリアル番号が刻まれているわけでもありません。ですので、所有者本人が明かさない限り、所有していることが他人に知られません。また、**古物商の対象ですらない**ので、売買には身分証も必要ありません。

人知れず所持して、自分だけで愛でて楽しむことができる究極のコレクションです。

さらにメリットを挙げると、維持管理の手間も費用も不要です。

ワインを何百本も買って資産保全する人がいますが、それにはワインセラーを造るなど維持管理費がかかりますし、海外に持って行くのも大変です。絵も光や温度、湿度などの維持管理が大変ですし、震災がきて火事になって燃えたりするかもしれません。切手もノリがついていて燃えるので、保存には気をつける必要があります。

でもコインの場合は、落としても割れませんし、燃えません。

おまけに、輸出入制限がなく、ポケットに入るサイズなので移動させるのもラクです。

海外ではアンティークコインはポピュラーなので、世界では年間７００回以上のオークションが開催されているそうです。

富裕層の人たちが注目しているアイテム

利回りとしても、クラシックカーの次に価値が上がるジャンルと言われていて、人気のイギリスコインはこの10年間で２４０％以上、また、珍しいコインは数年で10倍以上価値が上がっているそうです。ですから富裕層の人たちは今、コインに結構注目しています。

また、50万～100万円ほどのコインも人気で、富裕層とまでいかなくても、ある程度稼いでいる人が最近はアンティークコインを買っているケースも増えています。

稼いだお金の一部をアンティークコインに変える感覚ね！

もちろん本物を買うのが大前提ですが、最近は鑑定書にバーコードがついていて、ネット上で照合できるようになっています。そこまで偽造されたらもうどうしようもないのですが……。当然、信用できる業者さんから買うことと、業者さんにも利益が乗るので、すぐに売っても儲かりません。だから短期でトレードするものではなくて、**5年や10年、もっと言えば資産を次の世代に残していくためのもの**として買うわけです。

カジノ投資とかアンティークコインとか、ちょっと怪しい話が増えていますが（笑）、「そんなやり方もあるのか」ということで参考にしてください。

お金を増やす仕組みを自分のものにしたいのなら

35

Mind Set

ここまでちょっと怪しいことも書いてきましたが、これは何も本を書くから盛っているわけではありません。セミナーや、特にコンサルティングで話す場合にはとてもここでは書けないような話も多いです（笑）。

ただ、僕はこんな感じでセミナーなどではペラペラ喋ってしまうのですが、やはりクライアントの方それぞれで反応は全然違っていて、身を乗り出して聞いてくださる方もいれば、「そんなの、できるわけないじゃないですか！」という方もいらっしゃいます。

怪しい話は仕方がないにしても、僕も僕なりに勝算のあるお話しかしませんし、言下に否定されると多少はガッカリしてしまいます。

人間、やはりマインドブロックを外すというのは大変なことです。

第一歩の不動産投資にしても、世の中にこれだけ不動産投資で成功した人の本があふれているのに、実際に始める人は決して多くはありません。不動産投資ですらそうなのに、それ以外に僕が勧めるビジネスなんて、確かに怪しく見えてしまうかもしれません。

ただ、繰り返しになりますが、**勇気を出して一歩を踏み出さなければ何も始まらないというのは真実**です。そこでマインドブロックを外せない人は、現状を変えることはできません。宝くじも買わなければ当たりません（宝くじはお勧めしませんが）。ましてお金を増やす仕組みなんて、「欲しいなー、欲しいなー」なんて思っているだけでは、絶対に自分のものにはならないのです。

お金を増やすことのできる人というのは、慎重でありながら、外すべきときにマインドブロックを外せる人です。ただし、何にでも手を出すというのはただの蛮勇で、少し臆病なくらいがちょうどいいと僕自身は考えています。臆病な目でしっかりリスクを見極めて、「イケる！」と思ったら果敢に行動できる人こそが、リターンを得られる人です。

実際、僕よりもお金儲けに詳しくて、アグレッシブにいろいろなことをやっている人も世の中にはたくさんいらっしゃいます。そういう人は失敗を恐れません。まず、**失敗しても大丈夫な範囲でやるという慎重さがあって、本当に失敗することがあっても、結局はそれを経験として次に活かす**ことができます。分析力と経験値が上がって、何をするにしてもうまくいくようになります。

そうやって飛躍していった人をたくさん見てきましたし、この本を読んでくださっているみなさんにも、ぜひそうなってほしいと思います。

36 自分より上のステージの人に会おう

Mind Set

僕の場合、不動産投資について目を開かせてくれたのは、ロバート・キヨサキさんの『金持ち父さん貧乏父さん』だったというのはすでに書いたとおりです。それからたくさんの不動産投資本を読んで勉強しましたし、無料のものから有料のものまでたくさんのセミナーにも出かけましたし、大家さんのコミュニティにも入りました。

ですから、マインドブロックが外れたきっかけを「コレ」と特定するのは難しいのですが、今にして思うと、やはりセミナーや投資家のコミュニティなどで人と会うことが一番効果的だったと思います。

特に、自分より上のステージの人に会うというのが重要です。

自分がやろうと思っていること、またはその世界で儲けている人と会うのは、とても刺激になります。輝いて見えますし、実績に裏打ちされていますから、言葉に説得力があります。話を聞いていると、自分でもできそうに聞こえるのです。もしかして、僕の話を「そんなの、できるわけ……」と言われてしまうのは、僕がそこまで上のステージに達してないだけなのかもしれません（笑）。

実際、僕もまだまだ若造ですので「不動産はこの人に相談しよう」「ネットマーケティングはこの人だな」「マインドの強さでマネしたいのはあの人だな」など、僕より上のステージにいて尊敬する人が、テーマ別にたくさんいらっしゃいます。

そういった方たちに、何かあればアドバイスをいただける関係を作れたことが、どれだけ僕の支えになったか計り知れません。

とはいえ正直に告白すれば、その方たちと会うのに、ストレスがかかって嫌だなという側面もあります。すごく恐縮したり、コワかったり、嫌われたらどうしようといった保身の気持ちが先行してしまうことも多いです。

一方で、**そういうマインドブロックがかかるような場所に行ったり、人に会いに行ったりすることは、実はすごく大事なこと**だと考えています。

もしも自分が変われないのだとしたら、その理由は「自分の常識の中で生きているから」だとは考えられないでしょうか。今よりもステージを上げようと思ったら、自分の常識の外の世界に飛び込んで、今の自分を変えていく必要があります。

サラリーマン時代に夢見た、年収1億円の世界

僕の場合、サラリーマンだった当時、年収500万～600万円の頃に、「どうやったら年収1億円の世界に行けるのか」と考え、それには「本当に1億円稼いでいる人に会いに行けばいいんだ！」と思い至りました。それで2013年の末に、ネットビジネスですごく稼いでいる人のコンサルティングに応募しました。もちろん、タダではありません。そのコンサル料は半年で300万円というすごい値段でした。

小林さん、300万円払って応募したの？

応募する踏ん切りはなかなかつきませんでした。「本当は詐欺なんじゃないか……」とコワくて仕方がなかったことをよく覚えています。

でも、その人が発信している内容は明らかに本物だと信じることができたので、申し込みました。そうして面接があり、何十人かの応募者がいる中で、最終的に僕を含め6人が選ばれました。あとで話を聞くと、結果を出せそうにない人は外すという方針のもと、ほとんどの応募者が振るい落とされたらしいです。そうしてビビりながらも受講した結果、**半年後にはサラリーマンの年収を1ヵ月で稼げるように**なりました。

自分が考えたこともないような角度でビジネスの組み立て方を教えてもらえたり、考えたこともないような方法でお客さんにリーチする方法を教えてもらえたり、それが今の僕の大きな財産になっています。違う価値観、視点を学ばせてもらい、人が集まってくる自分になれて、自分のステージも確実に上がりました。

それからも、自分がコワいと思うこと、自分の常識では考えられないことに、あえて接触していきます。そうすることで自分のステージが上がっていきますし、いったん乗り越えると、それが当たり前の基準になっていくものです。

たとえストレスを感じても、自分にとってプラスになるとわかっているものを選ぶように心がけていくのが、ビジネスマインドの成長には不可欠だと思います。

畏怖を感じる人から学ぶことは本当に大きいです

Mind Set 37

身銭を切ることを惜しまない！

上のステージの人に会うというのは、口にするのは簡単ですが、実はそうそうたやすくできることでもありません。

すごく稼いでいる人ですから、基本的に忙しいというのもありますし、厳密に言えば、忙しいというよりも時間を無駄にしないといったほうが正しいかもしれません。その人の大事な時間を割いてもらうわけですから、こちらがそれに値する存在でなければ、会ってもらうだけでも難しいわけです。平たく言えば、「君に会って、僕に何のメリットがあるの？」ということです。

僕も今ではそうした上のステージの人に、（いつでもとは言いませんが）会うことができる関係になりましたが、大して実績も上げられなかった頃は、会うだけでも大変でした。前述の通り、高額なお金を払って付き合えるようになった人もいます。

これは本当の話で、コンサルタント料として毎回お金を払って教えてもらえる関係になって、そこから結果を出して信用してもらって、すごい情報をもらえるようになったり、自分のステージも上がって一緒にビジネスをやれるようになったりしていくわけです。そこまでの関係になるのに何百万円も払ったことさえあります。

すごい人との関係を築くのに出し惜しみしちゃいけないのか

そういうことを繰り返してきて、今の僕があります。

自分のステージを上げていくには、しっかりビジネスで結果を出していくことはもちろんですが、そのためにも自分が先に損をしたり、お金を払うべき場所や人には身銭を切ったりして、関係を作ったり情報を取りにいくことが本当に大事だと思います。

「損して得とれ」の精神

この本で紹介したビジネスには、物販（１４０ページ）やトレンドアフィリ（１４６ページ）など、塾に入ること、師匠に教えを請うことが前提のものがあるのは、僕のそういう考えに基づいています。何十万円もの価値のあるノウハウのすべてを１０００円ちょっとの本で得るのは難しいわけです。とはいえ、いきなり何十万円もの身銭を切れといっても難しいでしょうから、**まずは本に投資できただけでも十分に尊い**ことだと思います。

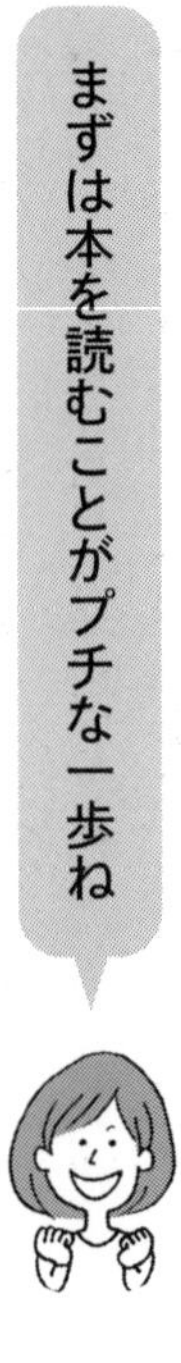

何十万円もの身銭を切ることで、「絶対に成功して回収しなくては！」というマインドがより強固になります。また、それで師匠と関係ができますから、迷ったときはアドバイスをもらえ、自分のステージが上がればビジネスパートナーとして大きな儲け話につながっていくかもしれません。

目先の何十万円を、ノウハウという形のないモノに払うのは抵抗があるかもしれませんが、自己流では1度や2度はうまくいくことがあっても、継続的に儲け続けていくことは難しいと断言できます。それも人生の先行投資と割り切って、身銭を切って上のステージの人に教えを請うていきましょう。

38 情報を与える人の元に情報は集まる

Mind Set

身銭を切るということに関連した話ですが、僕は、まず自分から情報を与える人間であろうと思っています。

「情けは人のためならず」ということわざがありますね。「情けをかけるのはその人のためだけではなく、いずれめぐりめぐって自分に恩恵が返ってくるのだから、誰にでも親切にするべき」という意味です。

これは、情報についても同じことが言えます。

自分が実践したり吸収したりした情報を、常に世の中にアウトプットする活動をしていくと、影響力が出てきます。するとと、情報というのは、影響力のある人のところに集まってくるもので、「マサさん、こういう案件があるんですけど」という話がどんどん舞い込んできて、自分がアウトプットした以上のインプットとなって返ってくるものです。

情報の流れを川にたとえると、不動産物件の情報にしても、新しいビジネスの情報にしても、**出どころに近い「川上」で情報を得られれば、ライバルが少ないのでそれだけ成功**

につながります。ですから川上の情報というのは誰しも欲しがるものですが、情報をくれる側も、「この人なら儲けさせてくれる」と思って教えてくれるわけなので、何の影響力もない人にはそうした情報は集まってこないのです。

すでに何度か書いてきたように、身近な人の相談に乗ったり、あるいはブログで不特定多数の人に情報を発信したりというのは大事なことなのです。そして、最初は無料でもいいので相談にも乗ってあげると、「この人は儲かっている人で、ほかの人への影響力もある」と思われて、「マサさん本人でもお仲間の方でもいいですけど、こういう案件はどうですか?」といった具合に、次第に情報が入ってきます。

そうした情報を人に回していけば、それが実績となってより多くの情報が集まるようになりますし、情報をあげた人には感謝されて、逆にその人からまた情報をもらえることもあるかもしれません。まさに「情けは人のためならず」です。

ひとりでビジネスするといっても、偽札作りならともかく、完全にひとりで孤立してお金を増やせるわけではありません。流れない水は腐るといいますし、良いアウトプットはより良いインプットを生むもの。もちろん加減は必要ですが、良い情報はどんどん共有していくようにしましょう。

39 ひとりぼっちでビジネスをする心地よさ

Mind Set

僕は2013年10月に法人を立ち上げました。とはいえ社員は僕ひとり。あとになって節税のために奥さんを役員ということにしましたが、実際のところは完全に個人事務所で、**すべてのビジネスは僕ひとり**でやっています。

もちろん、たとえば不動産だったら管理会社にお願いするとか、民泊のコミュニティの場合は代行業者さんと一緒にやっていくわけですが、それはビジネスパートナーであって、従業員とは違います。「忙しいでしょうし、社員を雇ってビジネスをさらに大きくしていこうとは思わないのですか？」とよく聞かれるのですが、どうもそういう気が起こらないのです……。

僕が尊敬する経営者のひとりは今、正社員をたくさん雇っていて、「来期は年商100億円を目指す！」なんてすごく燃えてワクワクしながらやっていて、それを傍から見ているとすごいなと思いますし、憧れる面ももちろんあります。

ただ、そうすると社員を食わせていかなければなりませんし、事務所を借りたりして固定費もかかりますし、リスクが大きくなるのがコワいという気持ちもあります……。ずっとひとりでやってきたので、想像がつかないものに対する恐怖、特に社員の人生にも責任を持たなければいけないというのが、今の僕の感覚では重すぎるのです。

臆病といえば臆病なのですが、逆に、個人でどこまで行けるかに挑戦している面もあります。ひとりというのはやはり身軽ですし、怪しいビジネスで失敗しても僕がちょっと痛い目を見るだけなので、おもしろいと思ったらすぐやってみることができます。逆に、儲かっていてもあまりおもしろくなければ、さっさと撤退することもできます。

これが社員を抱えた経営者ですと、さっさと徹底するわけにはいかないですよね。気軽にいろいろなことをやって収入の複線化を目指そうなんて、社員からしたら「そんな危ないことやめてください」という話でしょう。ですから、あえて今はひとりで頑張っている……というわけでもないのですが、「ひとりでやりたい」というのは性格なのかと思います。

僕は、割と孤独でも耐えられますし、むしろ孤独でいるのが好きなのです。

漫画家の蛭子能収さんが2014年に刊行した『ひとりぼっちを笑うな』（角川書店）という新書があります。友達が多かったりSNSでつながっていたりすることを心の拠り所にする人は多いですけれど、別にひとりぼっちだっていいじゃないか、人と違うことがあってもいいんじゃないか、内向的だっていいじゃないかという内容で、これが僕にはすごく響きました。僕も、ひとりでいることが心地いいと感じているからです。

でも、ひとりで仕事するって寂しくないの？

ただ、葛藤もすごくあります。孤独が好きと言いながら、どこか寂しいと感じていたりもしますし、これだけ稼いでいるのに、〝雇用を生む〟という最大の社会貢献をまだできていないというコンプレックスも、正直あります。

従業員を雇って会社の規模を拡大している社長さんなどは、素直に尊敬します。「これが私の使命だ」と言って、会社の使命を掲げている経営者を見ると、本当にすごいなと感じ入ります。ただ、「それも大変だろうな」と想像してしまうのが僕の悪いところなのかもしれません。経済的には自分でもやろうと思えばできてしまうものの、どうも自分自身が、従業員をたくさん雇って経営するというステージにはまだたどり着けていないようです。

今の僕のレベルですと、従業員を雇って経営規模を大きくするというのではなく、違う形で、たとえば稼げる仲間を増やすこと、その人たちが会社を辞めても生活していけるお手伝いをして、人や社会に貢献するといった状況です。

従業員を雇うより、今は稼げる仲間を増やしたい

ただ、僕自身が1年後の自分を想像できないので、もしかしたら「従業員をたくさん雇って老人ホームを造ります！」などと言っているかもしれません。自分でもどうなるかが読めないところが、楽しみな点でもあります。

臆病な人ほど〝草食系〟のひとりビジネスが向いている

40

Mind Set

みなさんも、〝肉食系〟と〝草食系〟という表現は聞いたことがありますよね。ビジネスや投資というと、ギラギラ、ガツガツとした肉食系のイメージだと思います。

僕も確かに、儲けているという面ではガツガツした感じに見られるのですが、どうも肉食系になりきれないというか、ずっとひとりでやっているというのは、「われながら草食系だなー」と感じています。

僕の印象では、会社という営利団体を率いていくというのは、すごく肉食系な感じがします。肉食動物というと、百獣の王であるライオンなどは、群れを作って、集団で狩りをします。群れの中で序列があって、それぞれの役割もきっちり決まっています。これは会社という組織にすごく似ていると思いませんか?

僕の場合は、草食動物が1匹でフラフラして、あっちで草を食べて、こっちで草を食べてという状況に似ています。狩猟と違って、草というのは1回食べて終わりではなくて、また生えてきてくれるので、そういうポイントをどんどん増やしていく。そして継続していつも餌にありつけている。何より、**気ままに行きたいところに行ける自由さ**があります。

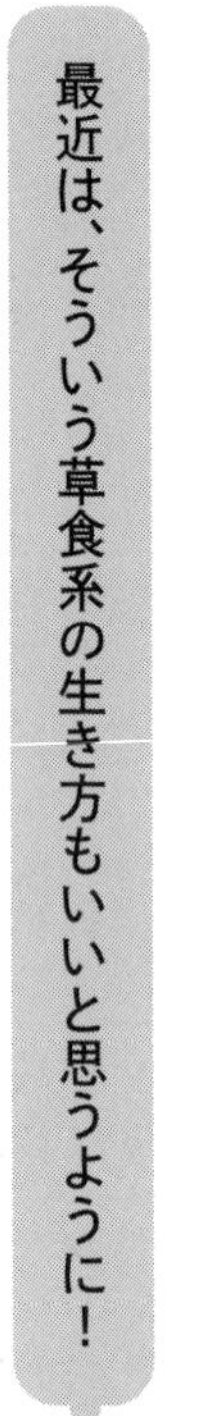
最近は、そういう革食系の生き方もいいと思うように！

肉食系へのコンプレックスというのは感じながらも、ひとりのビジネスながら、その辺の中小企業よりかは稼げるレベルになって、その状態を維持しながら社会や人に貢献できるようになっていくのが、今は一番居心地がいいと感じています。

今の世の中、中間層が薄くなって、肉食系の大企業か、そういった大企業が見向きもしない草を食べる零細企業や個人というふうに両極化していっている感があります。逆に、中小企業が**中途半端に会社規模を大きくしようとするのが、一番リスクがあって大変**だという気がします。毎年新たに企業が8万社できて、そのうち10年後に残っているのは10％弱で、30年残るのはわずかに0・02％と言われるくらいです。

肉食系でやっていくのは、そのくらい並大抵のことではないのです。だからこそ、それを成し遂げている人はすごいと思いますし、尊敬に値します。

僕自身、10年近く肉食系の大企業で働いてきました。1社目の労働環境はブラックで、まさに〝社畜〟という感じでした。肉食動物が食べ続けていく大変さも、その一員としてやっていく大変さも知っているつもりです。

でも今は、無理して会社にしがみつかなくてもいいのではないでしょうか。知恵と勇気があれば、個人がビジネスの隙間で稼いで、自分や家族が食べていくくらいのことはできる時代になっているのです。

でも、**群れから離れるのは、すごくコワくて、勇気がいること**だと思います。僕も以前は平凡で臆病なサラリーマンだったからわかります。

でも、草食動物は基本的に臆病です。臆病だから常にアンテナを張りめぐらせて、周囲の情報に気を配って、おいしい草が生えている場所や水場をいくつも知っていて、いつでも逃げられるように警戒を怠らない。むしろ**臆病な人ほど、草食系のひとりビジネスが向いている**と思います。

草食系でもいいじゃないですか。

今すぐ会社を辞めましょうとは言いませんし、給料という安定収入を確保しながら、少しずつ社畜から自由な草食動物へと自分を変えていけばいいのです。そう思えば勇気も湧いてくることでしょう。

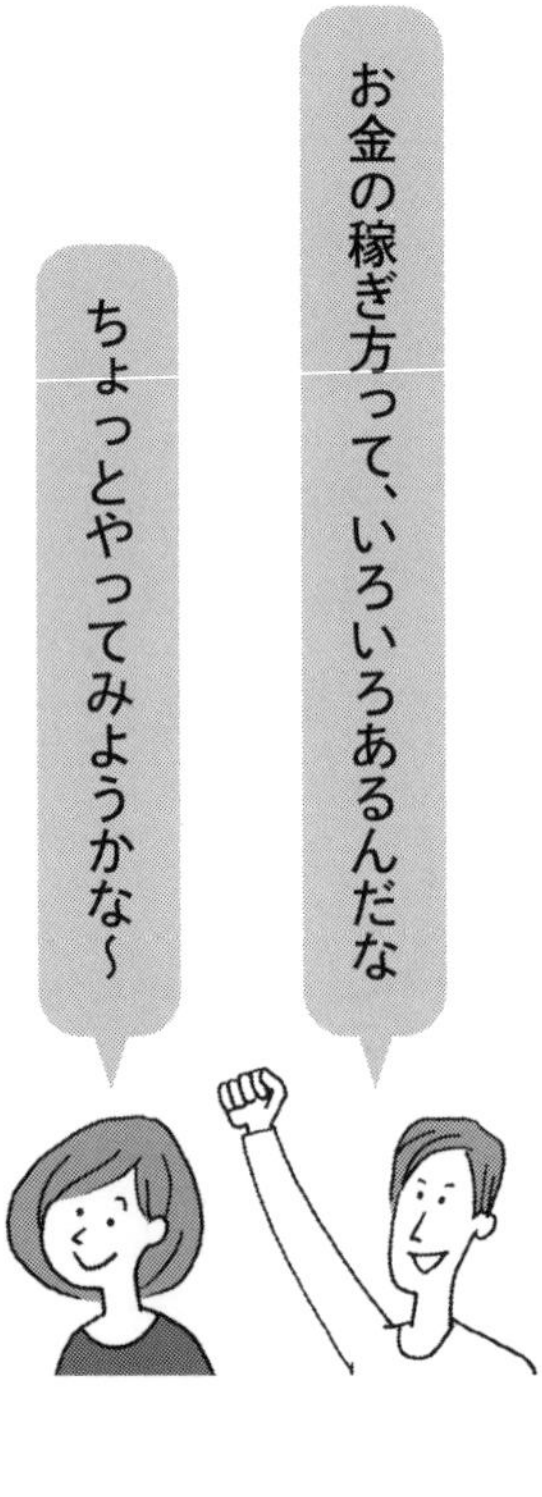
お金の稼ぎ方って、いろいろあるんだな
ちょっとやってみようかな～

●1億円する一棟物件を買うのがコワいなら、1部屋から不動産投資を始めてみる。
●100万円の投資をするのがコワいなら、3万円から始められる投資にチャレンジしてみる。
●転売をやるのに、いきなり仕入れるのがコワいなら、無在庫で始められる転売ビジネスにチャレンジしてみる。

まずは低いほうのハードルからなら、なんとか飛び越えられそう！

みなさんがそんな前向きな気持ちになって、初めの一歩を踏み出してくれれば、僕は何よりうれしく思います。

おわりに

これは僕のコンプレックスでもあるのですが、長期的な展望というのが全然描けません。なぜかというと、毎年、去年の僕は1年後の今の僕をまったく想定できていないという感じだからです。たとえば、こうして本を出版するなんて、去年の僕は夢にも思わなかったですし、収入が1億円を超えるようになることもそうですし、時間の使い方も、周りにいる人も、毎年すごく変わっていきます。

みなさんも一歩を踏み出してもらえば、「去年と違う景色が見える」という体験をしていただけるはずです。

よく、「何十歳までにリタイヤして、悠々自適で世界中を旅行しながら暮らしたい」という方もいらっしゃいますが、僕はまだ34歳ですし、リタイヤする話にもピンと来なくて、正直、5年後、10年後にこうなっていたいという世界は、今は見えていません。

ただ、ぼんやりとしてはいるのですが、将来的に老人ホームと保育園を造りたいという夢はあります。

老人ホームは不動産賃貸業に近い感覚です。少子高齢化が進んで、おじいちゃん、おばあちゃんが増えていくので需要は当然あるでしょう。何より今、老人ホームの利用料は高いので、利用者にとってもっと安くて、環境のいい場を提供してあげたいという思いがあります。

一方、子どもが減っているというのに、都市圏では保育園や幼稚園が足りないという事情があります。園に入れない待機児童が問題になっています。うちの子どももうすぐ幼稚園に行くので、なんとか増やせないかなと考えています。

いつか老人ホームと幼稚園を造って、おじいちゃん、おばあちゃんたちと子どもたちのための空間を提供したい。それは儲けたいというよりは、社会貢献という気持ちのほうが強いのです。

それがいつになるかはわかりませんし、「何年までにやる！」というほどに、まだ具体的に考えているわけではありませんが、ビジネスでもう一線を突き抜けてしまったと感じたら、そういう社会貢献のフェーズに入りたいと考えています。

また、最近の僕は「稼げる人を増やしたい」という考えを持っています。具体的には、少なくとも僕レベルくらいに稼げるようになる仲間を増やしたいです。

これはきれい事で言っているのではなく、僕自身のためでもあります。なぜなら、経営者や不動産投資家はけっこう孤独だからです。

もともと僕は友達が少ないですし、ビジネスパートナーはいても経営マインドをシェアできる仲間はそんなに多くありません。前述の通り、僕は孤独が好きでもあるのですが、その一方でもっと「同志」を増やしたいという思いも強いです。

そうやって人生を好きなように選べる仲間を増やしていくことと、僕自身の成功は早く終わらせて、老人ホームや幼稚園を造って社会貢献するという目標に、本気で全精力を注げるようになりたい。そういう感覚がすごくあります。

では何をもって成功とするのかというのが、自分でもよくわからないのが困ったところです。今はまだ自分のビジネスをやり切った感がありませんし、たとえばこうして本を出すというのも今回ようやく達成できたことです。

みなさんも、自分でビジネスを始めてみると実感できるかと思いますが、1年1年、まったく違う景色が開けていきます。やりたいことがどんどん出てきて、その世界に入り込むとまた新しい景色が見えてきます。

ただ、自分のビジネスの区切りがわからなくても、これだけは確かなのは、たぶん来年の今頃も違う景色を見て、違うところにワクワクしているのだろうなということです。自分でやるビジネスは、それだけ魅力があっておもしろいものです。

僕が、今すぐリタイヤしても家族で生きていくくらいには問題ないとしても、まったくビジネスのステージを下りたいと思わないのは、まだやり足りない感があるのでしょう。もう1つ自分のステージを上げて、稼げる仲間を増やしていくことで、自分自身で納得できるところに行けるよう願っています。

僕自身にもともと、これといった夢や展望があったわけではありませんから、みなさんに「夢や長期的な展望を持ってください」とは言えません。

でも、「会社からの給与だけだと不安だな……。本業以外に収入があるといいな」という願望があるのなら、まずは小さな勇気を持って最初の一歩を踏み出してみてください。最初の一歩を踏み出すから、夢が生まれることもあります。

本書によって、みなさんが一歩目を踏み出すお手伝いができれば、著者冥利に尽きます。

小林昌裕

あなたの「稼ぐ勇気」をあと押しする！

読者限定のプレミアム特典

本書を購読された読者に限定して、動画とレポートを用意しました。

▼ こちらよりダウンロードできます ▼

http://koriness.com/masa350/

【特典内容】

特典1	自己資金なし！　年収 350 万円から始められる不動産投資ゴールデンルール（動画）
特典2	不動産投資で家賃年収 3600 万円になるまでの道のりをまとめたレポート
特典3	有料で販売中の教材「サラリーマン不動産投資大全」（動画）
特典4	リフォーム費用が一目で分かる魔法のシート
特典5	不動産投資のためにする借金は全く怖くない理由(音声)

【こんな人に特典を活用してほしい】

- 会社の給与だけだと将来が不安……
- 本業とは別に、ちょっとでも収入があるといい
- でも、結局「お金を増やしたかったら何をすればいいのか?」がわからない

Profile
小林 昌裕（こばやし・まさひろ）

◎1982年生まれ。大学卒業後、建築材料メーカーに就職。営業職としてガムシャラに働くも、祖母の葬式で、社用の電話をかけながら集合写真に撮られた自身の姿を見て、社畜のような人生を見つめ直す。
◎2009年１月に転職。同年７月、不動産投資用に区分マンションを購入。以降、26～30歳の間に、３戸の区分マンション、４棟のアパートやマンションを購入し、合計43戸のオーナーになる。
◎2014年に会社を退職し、現在は、20余りのキャッシュポイント（民泊ビジネス、太陽光発電など）を持つ。年収は１億5000万円ほど。年150回のセミナーを開催し、1万2000人の読者にメルマガを配信。労働収入だけではなく資産収入を構築するためのノウハウを広める。

年収《ねんしゅう》350万円《まんえん》のサラリーマンから
年収《ねんしゅう》1億円《おくえん》になった小林《こばやし》さんのお金《かね》の増《ふ》やし方《かた》

2017年3月25日　初版第1刷発行
2017年4月５日　初版第2刷発行

著　者　小林昌裕
発行者　小川 淳
発行所　SBクリエイティブ株式会社
〒106-0032　東京都港区六本木2-4-5
電話　03-5549-1201（営業部）

装　幀　井上新八
本文デザイン　荒井雅美（トモエキコウ）
イラスト　村山宇希
企画協力　樺木 宏（株式会社プレスコンサルティング）
執筆協力　芥川和久
組　版　アーティザンカンパニー株式会社
印刷・製本　中央精版印刷株式会社

ISBN 978-4-7973-8989-0